道徳科を要(かなめ)とする道徳教育の理論と実践

竹田敏彦 監修・編
Toshihiko Takeda

中島正明・角谷昌則 編
Masaaki Nakajima &
Masanori Kakutani

ナカニシヤ出版

は じ め に

　教育基本法第1条は，「教育の目的」について，次のように示している。

　　教育は，人格の完成を目指し，平和で民主的な国家及び社会の形成者として必要な資質を備えた心身ともに健康な国民の育成を期して行われなければならない。（下線は筆者による）

　教育の目的は人格の完成を目指すことに求められている。そうであるなら，道徳教育の果たす役割は極めて大きいといえる。教育が知・徳・体のバランスの取れた人間力の向上を期して行われなければならないことは，これまでの学習指導要領及び今回改正告示された平成29年3月の新学習指導要領においても共通している。すなわち教育理念ともいえる「生きる力」の育成である。この「生きる力」は，「生き抜く力」「たくましく生きる力」とも置き換えることができる。
　人格の完成及び（心身ともに）健康な国民の育成の基盤となるものが道徳性であり，その道徳性を育てることが学校教育における道徳教育の使命である。
　道徳教育の目標が「道徳性の育成」にあることは，昭和33年に道徳の時間が特設されて以来，一貫している。にもかかわらず，「道徳性の育成」が道徳教育や道徳の時間の指導や評価として正面から取り上げられることは希薄であった。道徳性とは，「人間としてよりよく生きようとする人格的特性であり，道徳的判断力，道徳的心情，道徳的実践意欲及び態度を諸様相とする内面的資質」である。
　文部科学省は，平成29年3月に告示した新学習指導要領の中で，道徳教育及び道徳科の目標をいっそう明確で理解しやすいものにした。今回の改訂に伴い，道徳教育及び道徳科の目標が真に学校教育において機能し，高まるような取組が求められているのである。
　本書の企画の意図は，新学習指導要領に示された「道徳教育」，「特別の教

科 道徳」(道徳科)の特色を生かした教育実践に資することにある。そのためには，道徳的な判断力を重視し，「特別の教科 道徳」(道徳科)を要とする学校・家庭・地域の連携による道徳教育の推進や，「道徳性の育成」を重視した道徳科の充実が不可欠である。すなわち，「考え・議論する道徳」「問題解決的な道徳学習」「いじめ問題への対応」「道徳教育及び道徳科の実際」等に迫ることが求められているのである。

　本書は理論と実践の往還によって，実践理論の行動化を図ることを意図した。理論の重要な一つに，新学習指導要領がある。学習指導要領に基づいて教育課程を編成し，各教科等の実践を行うことが学校教育の基本とされなければならないからである。

　理論に学ぶことから実践化を図る。そのことを何度か試行することによって，やがて実践から新たなる理論を生み出すことが可能になる。「実践→理論→実践→理論」の繰り返しこそが「実践理論の行動化」なのである。

(竹田　敏彦)

〈注〉
(1)　文部科学省(2017)『中学校学習指導要領解説 特別の教科 道徳編』，p.1.
(2)　同書，p.109.

目　次

はじめに　*i*

第1章　新学習指導要領の「道徳教育」「特別の教科 道徳」の特色 …………………………………………………… 3
　　　　──構成と内容の分析・考察
　1　「道徳」から「特別の教科 道徳」への変革　3
　2　「道徳性」についての考察　10
　3　「特別の教科 道徳」の導入がもたらす学校，教師の変革　16

第2章　心情重視の「道徳」から判断力重視の「道徳科」へ………… 23
　1　学校における道徳教育の動向　23
　2　道徳科の指導方法の工夫　24
　3　道徳科の評価方法の工夫　30
　4　道徳科の学習指導過程の工夫　32

第3章　「特別の教科 道徳」（道徳科）の授業改善の視点と具体 ……35
　1　道徳教育の目標と道徳科の目標　35
　2　道徳教育の目標及び道徳科の目標に迫るための「道徳科の指導」　36
　3　判断力重視の道徳科学習指導案の開発　43
　4　扇（道徳教育全体）の要としての道徳科　51

第4章　道徳教育学 ……………………………………………………… 53
　　　　──体罰といじめの深層を考える
　1　なぜ学校の体罰はなくならないのか　53
　2　なぜ「いじめ」はなくならないのか　64
　3　体罰問題及びいじめ問題の克服　70

第5章　日本の風土から道徳へのアプローチ ………………………… 75
　1　はじめに　75
　2　日本の風土の特質　76
　3　風土を考察する歴史の眼　79

4　方法論の注意点　　86
　　5　まとめ　　89

第6章　問題解決の方法論と道徳科 ……………………………… 93
　　1　はじめに　　93
　　2　問題解決型の授業　　94
　　3　ビジネス界の問題解決思考法から　　97
　　4　問題解決の方法論と道徳科　　104

第7章　戦後の教員文化の特徴と課題 ……………………… 109
　　　　――教育活動における主体性と道徳教育
　　1　はじめに　　109
　　2　戦前・戦後の道徳教育　　110
　　3　戦前・戦中の教員の姿　　114
　　4　「終戦」直後の教員の姿　　116
　　5　労働組合と教員との関係　　118
　　6　戦後教員文化の特徴と課題　　119
　　　　――主体性の視点から――
　　7　おわりに　　121
　　　　――教育活動における主体性と道徳教育――

第8章　子どもの居場所と教員の道徳性 ………………………… 127
　　1　子どもの居場所　　127
　　2　子どもの居場所と教員の道徳性　　128
　　3　教職の道　　137

第9章　新学習指導要領から捉えた高等学校における道徳教育論 … 141
　　1　はじめに　　141
　　2　新学習指導要領における道徳教育の記述　　141
　　3　英語の授業の中での道徳教育の実践可能例　　147
　　4　おわりに　　152

第10章　道徳科を要とし，学校・家庭・地域の連携によって行う道徳教育の実際　その1 …………………………… 155
　　　――平成29年度江田島市立江田島中学校区（江田島中学校・切串小学校・江田島小学校）文部科学省委託「道徳教育改善・充実」総合対策事業［メニュー3］」の実践を通して

1　はじめに　155
2　江田島中学校の具体的取組　156
3　江田島中学校の取組の分析（成果○と課題●）　161
4　切串小学校の具体的取組　165
5　切串小学校の取組の分析（成果○と課題●）　168
6　江田島小学校の具体的取組　173
7　江田島小学校の取組の分析（成果○と課題●）　177

第11章　道徳科を要とし，学校・家庭・地域の連携によって行う道徳教育の実際　その2 …………………………… 181
　　　――平成28年度庄原市立総領中学校区（総領中学校・総領小学校）文部科学省委託「道徳教育改善・充実」総合対策事業［メニュー3］」の実践を通して

1　はじめに　181
2　総領中学校の具体的取組　182
3　「総合単元的な道徳学習」による取組　184
4　「考え，議論する道徳」の授業づくり　184
5　総領中学校の取組の分析（成果○と課題●）　185
6　総領小学校の具体的取組　190
7　総領小学校の取組の分析（成果○と課題●）　194

第12章　ロールプレイングを導入した道徳科授業の方法と実際 … 199

1　ロールプレイングを導入する意義　199
2　ロールプレイングを導入した道徳科授業の実際　203
　　――大阪桐蔭中学校――
3　ロールプレイングを導入した道徳科授業の成果　211
4　「鏡の向こうのわたし」～学級担任教師から生徒へ～　218

＊

おわりに　221

道徳科を要とする道徳教育の理論と実践

第7章

新学習指導要領の「道徳教育」「特別の教科 道徳」の特色
―― 構成と内容の分析・考察

　昭和33年の第一回学習指導要領改定に伴い設定された「道徳」が，平成29年7月に名称を変え「特別の教科 道徳」として告示された。
　そこで，本章では，以下の三つの観点から考察していく。

①なぜ「道徳」から「特別の教科 道徳」へ変更されたのか。
②「特別の教科 道徳」の中心テーマである「道徳性」とは何か。
③「特別の教科 道徳」の導入は，学校に，教師にどのような変革を求めているのか。

　なお，特に明記しない場合，小学校学習指導要領・同解説編を中心にして考察する。

1 「道徳」から「特別の教科 道徳」への変革

(1)「感じる道徳」から「できる道徳」への転換

　学校の教育課程の基準となる改正小学校学習指導要領は平成29年3月に告示された。平成30年4月1日から移行措置として，その一部または全部を実施することが可能となっており，平成32年4月1日から全面実施される。
　学習指導要領は，これまでおよそ10年を一つの区切りとして改定されてきた。今回の改定では，道徳について画期的な変革が示された。すなわち，「特別の教科 道徳」の告示である。

「特別の教科 道徳」は，耳慣れない用語である。なんとも奇妙な印象を免れない。なぜ，このような名称が導入されたのであろうか。

そこで，「小学校学習指導要領解説 特別の教科 道徳編」（平成 29 年 7 月）を見ると，「道徳」から「特別の教科 道徳」への転換の直接的・具体的な出発点は，平成 26 年 10 月に出された中央教育審議会答申「道徳に係る教育課程の改善等について」の中での次のような指摘から読み取ることができる。

> 今後グローバル化が進展する中で，人間の幸福と社会の発展の調和的な実現を図ることが一層重要な課題となる。［……］多様な価値観の存在を認識しつつ，自ら感じ，考え，他者と対話し協働しながら，よりよい方向を目指す資質・能力を備えることがこれまで以上に重要であり，こうした資質・能力の育成に向け，道徳教育は大きな役割を果たす必要がある。
> <u>ところが，歴史的経緯に影響され，いまだに道徳教育そのものを忌避しがちな風潮があること，他教科に比べて軽んじられていること，読み物の登場人物の心情理解のみに偏った形式的な指導が行われる例があることなど，多くの課題が指摘されている。</u>
> 道徳教育は，人が一生を通じて追求すべき人格形成の根幹に関わるものであり，同時に，民主的な国家・社会の持続的発展を根底で支えるものでもある。［……］
> 道徳的な課題を一人一人の児童が自分自身の問題と捉え，向き合う<u>「考える道徳」，「議論する道徳」へと転換を図る</u>ものである。（下線は筆者による。以下同）

この答申を踏まえ，平成 27 年 3 月 27 日に学校教育法施行規則が改正され，「道徳」を「特別の教科である道徳」とするとともに，平成 29 年 3 月に「小学校学習指導要領」，「中学校学習指導要領」及び「特別支援学校小学部・中学部学習指導要領」の改正の告示が公示された（図 1）。

平成 29 年 3 月，日本の道徳教育は，昭和 33 年から追求してきた「感じる道徳」「考える道徳」「議論する道徳」から，新たに「できる道徳」さらに「実践する道徳」へと理念的に大きな変革を遂げ始めた。

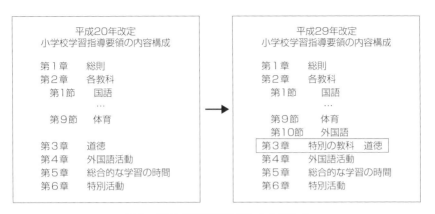

図1　新旧「学習指導要領」の内容構成

(2) 基本的な構成と内容項目

①「特別の教科 道徳」の内容構成

「特別の教科 道徳」の内容構成は，「第1　目標」「第2　内容」「第3　指導計画の作成と内容の取扱い」という，昭和33年の第1回全面改定のときからまったく同じものである。「第2　内容」を四つの視点で区分するという構成は，昭和33年から始まった。ただし昭和43年（32項目）と昭和51年（28項目）の改定では，四つの視点で区分せずに，項目の列挙のみに変更された。

4区分構成は，平成元年改定から復活した。ただし，低学年・中学年・高学年ごとに4区分され，そこに配置される内容項目が並べられていた。平成29年改定でまず四つの視点で区分し，各視点に含まれる内容項目を低学年・中学年・高学年ごとに並べる形式にようやく変更された。その結果，たとえば，「約束や社会のきまりを守り」について見ると，学年が上がるにつれてどのように記述内容が変わるかを確認しやすくなった。

平成29年3月告示の新学習指導要領「特別の教科 道徳」では，さらに次の三つの変更点がある。

第1に4領域で構成される「第2　内容」の視点の表記が数字からアルファベットに変わったこと。

第2としてその順序が一部変更されたことである。「第2　内容」の「4　主として集団や社会とのかかわりに関すること。」がCに，「3　主として自然や崇高なものとのかかわりに関すること。」がDに文字が変更され，同時に配置の順番が入れ替えられた。

第3には，規定される徳目として「第2　内容」の「A　主として自分自身に関すること」に〔節度〕が追加されたことである。
　小学校学習指導要領第3章「特別の教科　道徳」の内容構成を以下に示す。

　　第3章　特別の教科 道徳
　　　第1　目標
　　　第2　内容
　　　　A　主として自分自身に関すること
　　　　　〔善悪の判断，自律，自由と責任〕〔正直，誠実〕〔節度，節制〕
　　　　　〔個性の伸張〕〔希望と勇気，努力と強い意志〕〔真理の探究〕
　　　　B　主として人との関わりに関すること
　　　　　〔親切，思いやり〕〔感謝〕〔礼儀〕〔友情，信頼〕〔相互理解，寛容〕
　　　　C　主として集団や社会との関わりに関すること
　　　　　〔規則の尊重〕〔公正，公平，社会正義〕〔勤労，公共の精神〕
　　　　　〔家族愛，家庭生活の充実〕〔よりよい学校生活，集団生活の充実〕
　　　　　〔伝統と文化の尊重，国や郷土を愛する態度〕〔国際理解，国際親善〕
　　　　D　主として生命や自然，崇高なものとの関わりに関すること
　　　　　〔生命の尊さ〕〔自然愛護〕〔感動，畏敬の念〕〔よりよく生きる喜び〕
　　　第3　指導計画の作成と内容の取扱い
　　　　1　道徳科の年間指導計画の作成
　　　　2　指導の配慮事項
　　　　3　教材の留意事項
　　　　4　成長の継続的把握

　平成以降の小学校学習指導要領解説 道徳編の内容構成を一覧する**表1**に見られるように，今回の改定によって章の数が5章に整理され，「第3章 道徳教育の内容」の構成は各教科の解説と同様な内容構成となり，一段とわかりやすくなった。

表1 「小学校学習指導要領解説 道徳編」の内容の推移

平成元年		平成10年	平成20年		平成29年	
道徳		道徳	道徳		特別の教科道徳	
第1章	総説		第1章	総説	第1章	総説
第2章	道徳教育の目標及び内容		第2章	道徳教育の目標	第2章	道徳教育の目標
第3章	道徳の指導計画		第3章	道徳の内容	第3章	道徳教育の内容
第4章	道徳の時間の指導		第4章	道徳の指導計画	第4章	指導計画の作成と内容の取扱い
第5章	全教育活動における指導		第5章	道徳の時間の指導	第5章	道徳科の評価
第6章	家庭,地域社会との連携		第6章	教育活動全体を通じて行う指導		
第7章	道徳教育における児童理解と評価		第7章	家庭や地域社会との連携		
			第8章	児童理解に基づく道徳教育の評価		

② 道徳の指導計画

　道徳の指導計画については,「第3章　特別の教科 道徳」の第3の1において,「各学校においては,道徳教育の全体計画に基づき,各教科,外国語活動,総合的な学習の時間及び特別活動との関連を考慮しながら,道徳科の年間指導計画を作成するものとする」と規定されている。[1]

　道徳科の指導は,学校の道徳教育の目標を達成するために行うものであることから判断すれば,具体的には,道徳教育の全体計画の作成は「道徳教育推進教師」を中心にして,校長が明確にした道徳教育の方針に従い,その指導力のもとで,全教師が協力して道徳教育の全体計画に基づく道徳科の年間指導計画を作成する。

　全教師の協力ということは,「各教科,外国語活動,総合的な学習の時間及び特別活動との関連を考慮する」ことを現実に取り組むことを想定したものである。

③指導の基本方針

　道徳科の指導を計画的に推進し,また,それぞれの授業を魅力的なものと

して効果を上げるためには，次の基本方針を確立するとともに，学校全体への周知徹底とそれらの着実な実践が大切である(2)。

   一　校長が道徳教育の方針を明確にすること。
   二　校長の方針の下に学校の全教師が協力しながら取組を進めていくこと。
   三　道徳教育推進教師を中心とした指導体制の充実を図ること。
   四　校長や教頭などが道徳科の授業へ直接的に参加すること。
   五　他の教師と協力して指導すること。
   六　保護者や地域の人々の参加や協力などを得ること。

(3)「特別の教科 道徳」の特別の意味するもの
　①扇の要
　「特別の教科 道徳」は，「小学校学習指導要領」「第1章　総則」「第1　小学校教育の基本と教育課程の役割」(2)において，道徳教育の「要」（かなめ）として規定されている。

> (2)　学校における道徳教育は，特別の教科である道徳（以下「道徳科」という。）を要として学校の教育活動全体を通じて行うものであり，道徳科はもとより，各教科，外国語活動，総合的な学習の時間及び特別活動のそれぞれの特質に応じて，児童の発達の段階を考慮して，適切な指導を行うこと。

　道徳を「通常」の教科にするだけでよければ，「第2章　各教科」に国語，社会など従来からの教科に続けて配置すれば十分であった。しかし，「検定教科書を使用」「人間として必要なことをきちんと教え込む」「評価を行う」という時代の要請に応えるためには，なんとしても教科としての体裁を整える必要がある。さらに，通常の教科にすると，戦前の修身復活との反発を招くことは十分予想された。
　道徳科を道徳教育（という扇）の要として位置づけるためには，「第2章　各教科」の枠の「外」に，しかも各教科・領域の「上位」に置かざるを得ない（図2）。そのためには「特別な」措置が必要であり，一つの教科として「特別な」取扱いであったことが想定される。

図2　特別の教科 道徳（〔道徳教育の要〕としての道徳）

　ところで，道徳教育の「要」（かなめ）という表記は，すでに平成20年改定「小学校学習指導要領解説 道徳編」にて用いられている。その意図するところは，平成29年改定の「解説」で次のように説明されている。

> 　道徳の時間は，後述するように各活動における道徳教育の「要」（かなめ）として，それを補充し，深化し，統合する役割を果たす。いわば，扇の要のように道徳教育の要所を押さえて中心で留めるような役割をもつといえる。したがって，各教育活動での道徳教育がその特質に応じて効果的に推進され，相互に関連が図られるとともに，道徳の時間において，各教育活動での道徳教育が調和的に生かされ，道徳の時間としての特質が押さえられた学習が計画的，発展的に行われることによって，児童の道徳性は一層豊かにはぐくまれていく。(3)

　こうした説明の背景に，「いじめ，体罰」に代表される子どもの置かれたゆがんだ社会状況をなんとしても早急に着実に改善したいとする意図があったことは想像に難くない。いじめの増加と悪質化を前に，将来の国民形成に対する危惧さえ感じられる今日，従来からの常識と連続性とにおいて多少無理をしてでも，新たな国民道徳の形成に向けての改革に踏み出した。特に，いじめをはじめとする小学生・中学生を取り巻く問題状況の深刻化が，従来の「道徳」から「道徳科」への方針転換を加速させたといえよう。

　偉人や先人の知恵などの読み物を通して，人間の在り方を学び取るという，極めて自然的・放任的・自己解釈的な取組では，もはや時代の要請に応えることは期待できない。いつまで経っても解決の兆しの見えない「いじめ」による子どもの被害を食い止めるには，道徳教育の根本的な変革にもはや一刻の猶予もないという強い意志・切迫感が「特別の教科」という位置づけを生

み出した。

2 「道徳性」についての考察

(1) 道徳教育の本質は「道徳性」の育成
①学習指導要領等における「道徳性」

表2は，戦後の「小学校学習指導要領」の本文において「道徳」に関する語句（道徳，道徳教育，道徳的，道徳性）記述数の推移をまとめたものである。

昭和52年の改訂を除いて，「道徳性」は総則において一貫して記述されている。平成29年の「特別の教科 道徳」では4か所となり，これまでの改定における「道徳」の領域で最も多く見られる。

さらに表3は，発達段階においてどのような対応があったのかを確認するために，保育所保育指針，幼稚園教育要領，小・中・高等学校学習指導要領，さらに特別支援学校学習指導要領において，「道徳性」という語句が記載されている個所を戦後の改定順にその推移をまとめたものである。

まず，第1に幼児教育から初等・中等・特別支援教育のすべての教育段階で「道徳性」が明記されている。つまり，0歳から18歳まで，道徳性の育成が戦後70年間の課題であったことが読み取れる。

第2に，小・中・高等学校学習指導要領では，昭和33（1958）年以来，一度も途絶えることなく継続して「道徳性」が明記されていることが注目される。

こうした点から，「道徳性」の育成は，次のように捉えることができる。

①戦後の道徳教育において，一貫してその中心概念であった。
②幼児教育から高等学校教育，特別支援教育までを含めて，日本の学校制度全体の課題である。

そこで次の段階として，平成29年3月に告示された「小学校学習指導要領解説 特別の教科 道徳編」の語句索引を作成した。表4は，語句の出現頻度の高いものから上位10項目（名詞に限定）を示している。

道徳科，児童，生徒は400か所以上に記述されている。

表2 戦後の学習指導要領における道徳に関する語句の分布状況（数字は記述個所）

改定年	領域・教科		道徳	道徳教育	道徳的	道徳性
昭和33年	総則		27	4	2	1
	各教科	国語	2			1
		社会	5	1	1	1
	道徳		15	3	5	3
	特別活動		1			
	学校行事		5			
昭和43年	総則		12	3		1
	各教科	国語	1			
		社会	1			
		家庭	1			
	道徳		10	3	3	2
	特別活動		2			
昭和52年	総則		9	2	1	
	道徳		12	4	4	2
	特別活動		2			
平成元年	総則		8	2	1	1
	道徳		24	9	5	3
	特別活動		2			
平成10年	総則		12	3		2
	道徳		23	10	3	3
	特別活動		2			
平成20年	総則		13	3		2
	各教科	国語	4	1		
		社会	4	1		
		算数	4	1		
		理科	4	1		
		生活	4	1		
		音楽	4	1		
		図工	4	1		
		家庭	4	1		
		体育	4	1		
	道徳		31	14	3	3
	外国語活動		4	1		
	総合的な学習の時間		6	1		
	特別活動		8	2		
平成29年	総則		18	11		1
	各教科	国語	3	1		
		社会	3	1		
		算数	3	1		
		理科	3	1		
		生活	3	1		
		音楽	3	1		
		図工	3	1		
		家庭	3	1		
		体育	3	1		
		外国語	3	1		
	特別の教科 道徳		22	7	2	4
	外国語活動		3	1		
	総合的な学習の時間		3	1		
	特別活動		6	2		

表3　学校段階別学習指導要領等における「道徳性」記述の有無（2018年8月31日調査）

	昭和33	昭和43	昭和52	平成元	平成10	平成20	平成29
保育所保育指針〔昭和40　平成2　平成11　平成21　平成30年告示〕							
第1章　総則						○	○
第2章　保育の内容							○○
幼稚園教育要領〔昭和31　昭和39　平成元　平成10　平成20　平成29年告示〕							
第1章　総則				○	○		○
第2章　ねらい及び内容				○	○	○	○
第3章　指導および指導計画作成上の留意				○			
小学校　学習指導要領〔昭和33　昭和43　昭和52　平成元　平成10　平成20　平成29年告示〕							
第1章　総則	○	○		○	○○	○○	
第2章　各教科	○○						
第3章　道徳　第1　目標		○	○	○	○	○	
第3章　道徳　第3　指導計画	○○○	○	○	○	○○	○○	
第3章　特別教科　道徳　第1　目標							○
第3章　特別の教科　道徳　第3　指導計画							○○○
中学校　学習指導要領〔昭和33　昭和43　昭和52　平成元　平成10　平成20　平成29年告示〕							
第1章　総則	○	○		○	○○	○○	
第3章　道徳　第1　目標		○	○	○	○	○	
第3章　道徳　第2　内容				○			
第3章　道徳　第3　指導計画	○○○	○	○	○	○○	○○	
第3章　特別の教科　道徳　第1　目標							○
第3章　特別の教科　道徳　第2　内容							
第3章　特別の教科　道徳　第3　指導計画							○○○
高等学校　学習指導要領〔昭和35　昭和45　昭和53　平成元　平成10　平成21　平成30年告示〕							
第1章　総則	○	○	○	○	○	○	○
特別支援学校　幼稚部　学習指導要領〔平成2　平成12　平成21　平成29年告示〕							
第1章　総則				○	○	○	○
第2章　ねらい及び内容					○		
第3章　指導計画作成上の留意事項				○			
特別支援学校　小学部・中学部　学習指導要領〔平成2　平成12　平成21　平成29年告示〕							
第1章　総則					○	○○	○○○
特別支援学校　高等部　学習指導要領〔昭和54　平成2　平成12　平成21年告示〕							
第1章　総則				○	○	○	
第3章　道徳（知的障害者である生徒に対…）				○☆	○☆	○	

○：記述有り，個数は記述個数の数　　○☆：第3章　道徳（養護学校）

表4 「小学校学習指導要領解説 特別の教科 道徳編」の語句索引

No.	語句	頻度	No.	語句	頻度
1	道徳科	484	6	道徳的価値	279
2	児童	427	7	内容項目	221
3	生徒	417	8	教師	217
4	工夫	295	9	生き方	214
5	道徳教育	286	10	道徳性	183

　工夫，道徳教育，道徳的価値，〔内容項目，教師，生き方〕に続いて道徳性が10位以内に位置している。

　道徳性は，合計183か所に記述されている。「道徳性」を「特別の教科 道徳」における一つの主要なキーワードとしてみなすことができる。

(2) 道徳性の概念
① 道徳性の定義
　それでは，「道徳性」とは，いったいどのような意味なのであろうか。

　まず，代表的な国語辞典である『広辞苑』(第七版)で調べてみると，「①道徳の本質。②道徳法則にかなっていること。〔……〕」ときわめて簡潔・明瞭な定義を下している。

　それでは，本質とはいったい何だろうか。

　そこで，次に教育・心理学の専門事典について見ると，「道徳性」を見出し語として採録しているものは予想外に少ないことがわかった。出版年の古いものから3点ほど紹介する。

　ア　桂広介ほか編集責任『教育相談事典』金子書房，1966年，492頁。
　〔意義〕道徳性とは，社会生活の規範としての法則に一致すべき心性であり，道徳意識と道徳的行動を総合したものと考えることができる。学校における道徳教育においても，良心ということばを用いず，この道徳性という表現が用いられている。

　イ　横山正人・奥田真丈『学習指導要領用語辞典』帝国地方行政学会，

1971年，728頁。
　小・中学校の道徳教育の目標に示されている道徳性とは，みずからのうちにあって，みずからの考え方やふるまいのし方を，社会の要求する基準に合致させるべく，統制する能力や性状のことである。道徳性は，一面では真に人間らしい生き方ともいわれるように，人間性に貫かれたものである。［……］道徳性の諸相は，一般には，基本的行動様式，道徳的判断，道徳的心情，道徳的態度，道徳的理解，および道徳的実践意欲などに分けられている。

ウ　細谷俊夫ほか編集代表『新教育学大事典』第一法規出版，1990年，320頁。
　日本語の道徳性の概念には，社会生活に不可欠な「道徳体系」としての道徳性と，個人に内在する「性格特性としての道徳性」，あるいは品性の二つの意味がある。前者は道徳体系が集団の構成員に一様に要請されるという意味で社会学的・政治的概念であるのに対し，後者は実定的な道徳律の受容の可否を含めて個人が自主的な判断をし，習得したものという意味で心理学的な概念である。［……］国際交流によって生じた多次元的・多文化社会においては，道徳性を明確にすることは容易ではない。

　以上の通り，「道徳性」とは「人間らしい生き方」という説明は簡潔でわかりやすい定義のように受け止められる。それでは，「人間らしい」とはどういうことなのか。すると，それを説明することは意外に難しいものであることに気がつく。

　②「道徳性」の使い方とその意味
　そこで，「小学校学習指導要領解説　特別の教科　道徳編」では「道徳性」をどのように使用しているかという観点から，道徳性の定義にかかわると思われる個所を取り出し整理してみた。

・人格の完成及び国民の育成の基盤となるものが道徳性（1頁）
・児童の人格の基盤となる道徳性（1頁）

- よりよく生きるための基盤となる道徳性（4,10,16②, 17②, 18②, 76頁）
- 道徳性とは，人間としてよりよく生きようとする人格的特性（20,107頁）
- 内面的資質としての道徳性（76頁）
- 道徳性とは，［……］内面的資質である。（107頁）

　ここから，道徳性を説明すると思われるキーワードを選び出すと，「人格」「よりよく生きる」「内面的資質」「国民育成の基盤」などが指摘できる。それらを使って定義すると，道徳性とは「よりよく生きるための人格的特性・内面的資質」と言い切ることができる。それでは「よりよく生きる」とはどういう生き方なのだろうか。「人格的特性」とは，「内面的資質」とは，具体的に何を指しているのだろうか。それらの説明は行われていない。
　つまり，「よりよく生きる」「人格的特性」「内面的資質」は理念や目的として使用されるけれど，その概念についての解説や具体例の紹介は「小学校学習指導要領」および「小学校学習指導要領解説　特別の教科　道徳編」のどちらの本文中にも見出せない。読めば読むほど，それらの語句の持つ曖昧性・漠然とした感じは否定できない。「解説編」の記述を基にして次のように道徳性について簡潔に整理してみた。

- 道徳性を育てることが学校教育における道徳教育の使命である。(1頁)
- 道徳性を養うことが道徳科の目標である。(17頁)
- 道徳科の目標は，道徳的諸価値の理解を基に，自己を見つめ，物事を多面的・多角的に考え，自己の生き方についての考えを深める学習を通して，道徳的な判断力，心情，実践意欲及び態度を育てることであるが，［……］(107頁)

　解説編の説明からすると，「道徳性」とは，「道徳的な判断力，心情，実践意欲及び態度」と理解される。

3 「特別の教科 道徳」の導入がもたらす学校,教師の変革

　小学校では平成30年4月より,正式な教科となった道徳が移行期間中であるが,すでに始まっている。何が新しいことなのだろうか。
　新旧学習指導要領の違いから見えてくるものは,端的に言えば,教師の意識の変革である。教科書のない道徳から検定済み教科書を使用する「特別の教科 道徳」への変革,評価をしない道徳から所見に基づく記述式の個人内評価への変革など,まさに平成における一大教育変革といえる。
　その大きな変わりようにまだ気がついていない学校や教師は,やがて「何を教えるのか」「何を評価するのか」という大きな課題に直面するであろう。

(1) あふれる「創意工夫」,めくるめく「一人一人」

　「小学校学習指導要領解説 特別の教科 道徳編」には,「工夫」(115か所),「人間関係」(71か所),「一人一人」(33か所),「創意工夫」(12か所),などの教師側の指導ぶりに関する語句が盛り込まれている。それらのうち,「教師の創意工夫」に限定したものを列挙すれば,次のとおりである。

> 道徳科の学習指導案は,教師が年間指導計画に位置付けられた主題を指導するに当たって,児童や学級の実態に即して,教師自身の創意工夫を生かして作成する指導計画である。(78頁)
>
> 学習指導案は,教師の指導の意図や構想を適切に表現することが好ましく,各教師の創意工夫が期待される。したがって,その形式に特に決まった基準はないが,一般的には次のような事項が取り上げられている。(78頁)
>
> 学校が,地域や学校の実態及び児童の発達の段階や特性等を考慮し,教師の創意工夫を加えて,「第2 内容」の全てについて確実に指導することができる見通しのある年間指導計画を作成する必要がある。(86頁)
>
> そのためには,児童の主体的な学びが必要になる。学習指導においては,

児童自らが主体的に学ぶための教師の創意工夫が求められる。(89頁)

マスコミも，学習指導要領改定および道徳の正式教科への移行を取り上げ，いち早く，その課題を取り上げている。

2017年に検定に合格した小学校道徳の教科書は24点66冊。授業ではこの中のどれかを使いながら，読むだけにとどまらず問題提起したり，話し合ったりする時間も必要で，教員の創意工夫が鍵となりそうだ。

また，33か所の「一人一人」について見ると，以下のような記述が注目される。

- 一人一人のよさを伸ばし，成長を促すための評価を充実すること。(2頁)
- 児童一人一人は違う個性をもった個人であるため，それぞれ能力・適性，興味・関心，性格等の特性等は異なっていることにも意を用いる必要がある。(10頁)
- 児童一人一人が自分の生活を振り返り，改善すべき点などについて進んで見直しながら，望ましい生活習慣を積極的に築くとともに，自ら節度を守り節制に心掛けるように継続的に指導することが求められる。(32頁)
- 働く意義や社会に奉仕する喜びを児童一人一人に体得させ，進んで実践しようとする意欲や態度を養うことが大切である。(54頁)
- 教師が児童一人一人と愛情のある触れ合いをすることによって，教師を敬愛しようとする心が育まれるようにすることが大切である。(58頁)

これらを読む限り，「平成20年改定小学校学習指導要領解説 道徳編」に記述された38か所よりも多少減ったとはいえ，教師が道徳性の育成においてどれほど児童一人一人の指導について配慮しなければならないかを思い知らされる。

(2) 検定済み教科書の使用・教材の開発と活用
①模索する教材開発

　資料や教師が想定している「答え」を当てるだけで良しとされた「道徳の時間」から「考え，議論する道徳」への転換には，そして「多様な道徳的見解を踏まえながら，自分の考え方や生き方を問い直し，人間や社会の在り方を考える」ためには，何よりも優れた教材が必要である。道徳が教科化されて，小学校・中学校教科書の検定結果が文部科学省によって公表されている。従来のような「従順，自己犠牲，自制，分相応など内向きの姿勢を求める傾向(5)」から脱却し，子どもたちがはつらつとした表情で未来に立ち向かうような変革が求められる。

　教材開発について一例を挙げると，教職課程を学ぶ学生が，文部科学省が掲げる「考え，議論する道徳」を主題に，障害がある運動選手やダンサーを取材し，テキストと動画に編集した。それを実際に小学校6年生の授業を実施した。教材を作成した学生は，「答えが一つでない道徳ならではの意見が多彩に出て刺激を受けた。今後の（指導の）力になりそうと張り切っていた(6)」。

②NIEの活用

　授業等における新聞活用は，すでに昭和33年の「小学校学習指導要領」「中学校学習指導要領」から規定されているが，取組はまだ十分とはいえない。もっぱら記事の読み比べによる解釈という国語科に特化したような利用が目につく。

　道徳性の育成にとって，子どもが多様な角度から考えることを重視する新学習指導要領の内容項目で示された学ぶべき価値観については，自己確認と自己形成への自覚，他者への配慮・思いやり，地域参加・地域貢献，国際化・環境問題等への認識と提言など新聞のコラム投書欄に掲載された記事を活用すると，たとえば「自分から友達つくる」「努力続ける6年生に」のような具体的で身近な事項を教材として活用することができる。同時に，NIE（教育に新聞活用を！）というもう一つの指導に対応できる利点がある。

(3) 評価から始まる「考える道徳」

　今回の学習指導要領改定で教師にとって一番「やっかい」なのは，評価であろう。道徳が教科となったのだから，当然「成績をつけなければならない」。

しかも，以前の「できた」「もう少し」のような段階評価でなく，「自分の考えをしっかり書くことができた」「ありのままの自分のすがたをしっかり見つめている」など，文部科学省が求めているのは「個人内評価」である。
　当然，数値による評価ではない。したがって，教師は日常的に個人の学びの現実を具体的に継続的に把握すること，さらに学期末には記述式で所見を書き込むという作業に追われることとなる。しかも，「解説」には，個人内評価をめぐって，次のような「一人一人」に関する留意事項が規定されている。

- 教師が児童一人一人の人間的な成長を見守り，児童自身の自己のよりよい生き方を求めていく努力を評価し，それを勇気付ける働きをもつようにすることが求められる。(105頁)
- 指導する教師一人一人が，質の高い多様な指導方法へと指導の改善を行い学習意欲の向上に生かすようにするという道徳科の評価の趣旨を理解した上で，学校の状況や児童一人一人の状況を踏まえた評価を工夫することが求められる。(109頁)
- 道徳科の評価は他の児童との比較による評価や目標への到達度を測る評価ではなく，一人一人の児童がいかに成長したかを積極的に受け止めて認め，励ます個人内評価として行うことから，このような道徳科の評価本来の在り方を追究していくことが，一人一人の学習上の困難さに応じた評価につながるものと考えられる。(112頁)
- いわゆる外国につながる児童について，一人一人の児童の状況に応じた指導と評価を行う上でも重要である。(112頁)
- 児童一人一人の学習状況を確かめる手立てを用意しておき，それに基づく評価を行うことも考えられる。(114頁)

　こうした道徳における評価への課題について，実際に学校では，教員はどのように対応しているのだろうか。広島県の道徳教育改善・充実総合対策事業の指定校となっている三次市立みらさか小学校では，2018年6月に研修会が開催された。
　同校では，道徳の教科化を前向きに捉え，「どう教えどう評価するか」をめぐって教科書の読み物を使った5年生の授業での工夫，さらに子ども一人

成長認め 肯定感高める

教科化3カ月 小学道徳 どう教え どう評価

小学校の道徳が4月から正式な教科となった。他の教科と同様に文部科学省が検定する教科書を使い、評価もする。「道徳性や、子どもの内面をどう評価するのか」と疑問の声がある中での船出。教員は、どう対応しているのか。現場を見た。

（奥田美奈子）

三次・みらさか小訪問

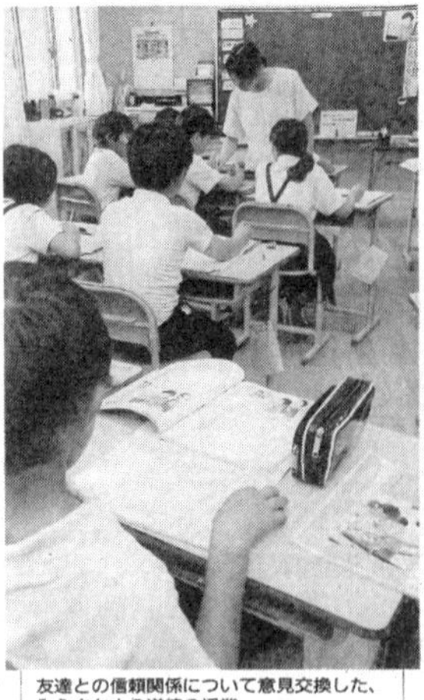
友達との信頼関係について意見交換した、みらさか小の道徳の授業

学期末に児童が受け取る通知表。書式は学校ごとに異なるが、多くの学校で本年度から道徳の評価欄が加えられる。「できた」「もう少し」といった段階評価ではなく、所見を書き込む記述式だ。教員は夏休みを前に、初めての作業に追われている。

どんな文面になるのだろう。広島県立教育センターが示す記入例は「友達の発言をよく聞き、自分の考えをしっかり書くことができました」「自分の弱さを率直に話す姿などから、ありのままの自分の姿をしっかりと見つめていることが分かりました」―などとある。

他者と比較せず

文科省が道徳科で求めるのは「個人内評価」だ。内面的資質である道徳性が養われたかどうかは「容易に判断できるものではない」とし、他の児童との比較ではなく、児童の成長を積極的に認め、励ます内容にするよう指示する。

教員の事務量増大■「いじめ対策」疑問

ただ、正解もテストもない道徳教育で、児童の成長を把握するには工夫が要る。県の道徳教育改善・充実総合対策事業で、指定校となっている三次市のみらさか小を訪ねた。

6月にあった5年生の道徳科。担任の小原智穂教諭は教科書の読み物を使って授業をした。友達と信頼し合い、友情を深める大切さに気付かせる内容だ。児童は、主人公の状況と自分の考えを重ね、活発に意見交換していた。

メモの変化追う

授業の終盤、小原教諭は児童にこう指示した。「ノートに『未来へのヒント』を書いてください」。同校では毎回、児童自身の気付きや、今後どう行動したいかなどを書かせている。教員はメモの内容の変化を追い、評価の材料にする。

「文章の上手な子を評価するわけではない」と小原教諭。主人公の心情理解にとどまらず、自分ごととして捉えているかを注視する。授業を進める傍ら、独自の記号や印を駆使し、発言内容や級友の意見を聞く態度も記録。学校生活や行事の中でも、道徳科での学びが言動に表れているか観察するという。

吉浪徳香校長は「こうした『見取り』は道徳に限らず、これまでも自然にやってきたこと。子ども一人一人がどう伸びたかを認め、子どもの自己肯定感を高めたい」と話す。

同校であった研修で講演した帝京大大学院の赤堀博行教授は「児童に価値観を押し付けてはならない」と強調。教材に登場する主人公に「共鳴できたかではなく、自我関与、つまり『自分だったら』と考えられたかどうか」が焦点だと説明する。

ただ、県内のあるベテラン教諭は「道徳にはテストがない。でも評価する以上、教員には説明責任があり、その根拠の確保に追われる感がある。だから児童には何かと『書く』作業を求め、教員も事務量が増えた」と打ち明ける。教科化は、いじめ問題対策の一環とされ、来年度から中学校でも導入されるが「効果があるかは疑問」とする。

また、教育史に詳しい東京学芸大の大森直樹准教授は「いかに評価しようとも、道徳教育の内容を国が定めていること自体に問題がある」と警鐘を鳴らす。憲法が保障する「思想・良心の自由」を侵害する恐れがあるとする、日弁連などの指摘も踏まえ、注視を続ける必要性を訴えている。

（出所）　中国新聞社提供。

図３　『中国新聞』（2018 年 7 月 16 日付）

一人がどう伸びたかを認め，子どもの自己肯定感を高める評価に向けての多様で創意工夫をこらした具体的な評価活動が報告されている。

道徳の評価は，絶対評価であると同時に個人の到達度評価であり，しかも子どもの自己肯定感を高めることが求められる。指導する教師には，「他者と比較しない」「道徳科での学びがどのように現れているか言動の観察に努める」など，大幅な自己変革が求められる[(7)]。

指導が「できる」「できない」という言い訳は求められていない。教科としてスタートしたからには，始めるしか術はないのである。

今回の道徳の教科化は，「戦後レジームからの脱却[(8)]」と表現されるほどド

ラスティックな(思い切った,根本を覆すほどの,これまでの方針を打ち破る)変革なのである。

(中島　正明)

〈注〉
(1)　『小学校学習指導要領 特別の教科 道徳』「第3章　指導計画の作成と内容の取扱い」。
(2)　『小学校学習指導要領解説 特別の教科 道徳編』，p.71.
(3)　『小学校学習指導要領解説 特別の教科 道徳編』，p.10.
(4)　「道徳が教科化　教員の工夫鍵」『中国新聞』2018年3月31日。
(5)　「識者評論　中学校教科書検定「考える道徳」の芽　育もう」『中国新聞』2018年4月6日。
(6)　「学生が「考える」道徳教材」『中国新聞』2018年2月21日。
(7)　「教科化3ヵ月　小学校道徳　どう教えどう評価　成長認め　肯定感高める　三次・みらさか小訪問」『中国新聞』2018年7月16日。
(8)　「識者評論　中学校教科書検定「考える道徳」の芽　育もう」『中国新聞』2018年4月6日。

〈参考文献〉
桂広介ほか編集責任(1966)『教育相談事典』金子書房。
横山正人・奥田真丈(1971)『学習指導要領用語辞典』帝国地方行政学会。
細谷俊夫ほか編集代表(1990)『新教育学大事典』第一法規出版。

心情重視の「道徳」から
判断力重視の「道徳科」へ

1 学校における道徳教育の動向

　平成29年文部科学省令第20号をもって，学校教育法施行規則の一部を改正する省令が制定され，また，平成29年文部科学省告示第63号及び第64号をもって，小学校学習指導要領及び中学校学習指導要領の全部を改訂する告示が公示された。この後，平成29年7月に「学習指導要領 解説」（総則編，特別の教科 道徳編等）が公開された。ここに，新小学校学習指導要領は平成32年4月1日から，新中学校学習指導要領は平成33年4月1日から施行されることとなった。

　学習指導要領の改訂のポイントの一つが道徳教育の充実である。新学習指導要領の改訂の内容は，道徳の時間を教育課程上，「特別の教科である道徳」（以下「道徳科」という）として位置づけ，発達の段階に応じ，答えが一つではない課題を一人一人の児童生徒が道徳的な問題と捉え向き合う「考える道徳」，「議論する道徳」へと転換を図るものである。道徳科の内容項目に関しては，いじめ問題への対応の充実や発達の段階をよりいっそう踏まえた体系的なものに見直すとともに，問題解決的な学習や体験的な学習などを取り入れ，指導方法の工夫を行うことが示された。

　また，道徳の教科化（道徳科の誕生）に伴い，「評価」を行うことが義務づけられることとなった。しかし，道徳科が「特別の教科 道徳」と位置づけられているように，新学習指導要領は，他の教科のような数値による評価（評定）ではなく，文章記述による評価（個人内評価）を求めている。

2 道徳科の指導方法の工夫

　新学習指導要領は，第1章「総則」第1「小学校教育（中学校教育）の基本と教育課程の役割」の2（以下「教育課程の役割」という）で，道徳を「特別の教科　道徳」として位置づけ，道徳教育の目標が「道徳性を養うこと」であることを明確にした。
　道徳教育の目標が「道徳性を養うこと」であることは，新旧の学習指導要領の間で変更は見られない。変更があるとすれば，道徳教育の目標がよりいっそう明確になったことである。その文脈は次のとおりである。

>　道徳教育は，教育基本法及び学校教育法に定められた教育の根本精神に基づき，<u>自己の生き方を考え，主体的な判断の下に行動し，自立した人間として他者と共によりよく生きるための基盤となる道徳性を養うことを目標とすること</u>。（「教育課程の役割」，下線部が変更点）

　道徳教育の要として位置づけられる道徳科は，「自己としての生き方」を考え，「主体的な判断」の下に行動できるような，そのような「道徳性」を養うことが期待されている。文部科学省は，その方向性を，「"読み物道徳"から"考える道徳"，"議論する道徳"へ」とし，児童生徒が道徳的価値にかかわって多面的・多角的に考え・議論することに求めている。

(1) 道徳科の目標と道徳科の指導と評価

　道徳科の目標は，「教育課程の役割」に示す道徳教育の目標に基づき，「よりよく生きるための基盤となる道徳性を養うため，道徳的諸価値についての理解を基に，自己を見つめ，物事を広い視野から多面的・多角的に考え，人間としての生き方についての考えを深める学習を通して，道徳的な判断力，心情，実践意欲と態度を育てる」[1]ことにある。
　「教育課程の役割」には，「学校における道徳教育は，特別の教科である道徳（道徳科）を要として学校の教育活動全体を通じて行うものであり，道徳科はもとより，各教科，総合的な学習の時間及び特別活動のそれぞれの特質に応じて，生徒の発達の段階を考慮して，適切な指導を行うこと」[2]とあり，

「道徳教育は，教育基本法及び学校教育法に定められた教育の根本精神に基づき，自己の生き方を考え，主体的な判断の下に行動し，自立した人間として他者と共によりよく生きるための基盤となる道徳性を養うことを目標とする[3]」とある。

　このことからも，道徳科の指導と評価は，道徳教育の目標である「道徳性を養うこと」に基づき，道徳科の目標である「道徳的な判断力，心情，実践意欲と態度を育てる」ことに焦点を定めて行われる必要がある。

(2) 道徳性を養うことを意図した道徳科授業の工夫
①道徳性の捉え

　道徳性とは，「人間としての本来的な在り方やよりよい生き方を目指してなされる道徳的行為を可能にする人格的特性」「人格の基盤をなすもの」「人間らしいよさ」「道徳的諸価値が一人一人の内面において統合されたもの」「人間が他者と共によりよく生きていく上で大切にしなければならないもの」とされている[4]。

②道徳性の発達段階

　「道徳性」を養うためには，道徳性の発達段階を意図しなければならない。道徳性認知発達理論の研究の第一人者である荒木（2015）は，次のように述べている。

> 　ローレンス・コールバーグ（Lawrence Kohlberg）が1958年に提出した学位論文「The development of modes of moral thinking and choice in the years 10 to 16.」によって道徳性認知発達理論が明らかにされて以来，世界各国でその理論的，実証的研究が多くの心理学者，教育学者を巻き込んで精力的に展開されてきた[5]。

　また櫻井（1997）は，コールバーグの道徳性の発達段階を次のように解りやすく紹介している[6]。

【水準Ⅰ：前慣習的水準】
〔段階1〕罰や制裁を回避し，権威に対して盲目的に服従する志向

この段階の子どもは，叱られたり，罰せられたりすることが悪であり，それを避けることを目的にして判断し，行動する。

〔段階2〕個人的欲求満足，平等な交換への志向

　この段階の子どもは，ひたすら自分の利益や報酬を求め，平等な交換（自分が助けてもらったら相手を助ける，相手が助けてくれなかったら自分も助けない等）によって自己の欲求を満足させる行為を正しい行為と考えている。

【水準Ⅱ：慣習的水準】

〔段階3〕よい子志向，よい人間関係への志向

　この段階の子どもは，よい対人関係をつくることを正しい行為であると考えている。つまり，家族，先生，友達など周囲の人々から望まれ，承認される行為は善い行為だが，承認されない行為は悪い行為であると考える。

〔段階4〕法と社会秩序維持，集団の利益への志向

　この段階の子どもは，社会あるいは集団の利益に貢献する行為を善い行為であると考える。義務や責任を果たすこと，権威を敬い，社会秩序を維持することを正しいことであると考える。

【水準Ⅲ：脱慣習的，原則的水準】

〔段階5〕社会契約的な法律，個人の権利志向

　この段階の人物は，一般的な個人の権利や社会全体から批判的に検討され，同意を得てきた規範に照らし合わせて善悪を判断する。

〔段階6〕良心または倫理原則への志向

　この段階の人物は，行為が社会的原則に合致するかどうかだけでなく，論理的な普遍性や一貫性に照らして倫理原則に合うかどうかを善悪の判断の基準にしている。

③青年期における道徳性

　ラリー・ヌッチ（Larry Nucci 2008）は，『青年期における道徳性のU字型発達』の中で，青年期初期（中学生の時期，13～14歳）がアルファベットのU字の最も底にあたる，規範に背を向ける最悪の段階だと述べ，次のような道徳性の発達段階を提示している。[7]

Ⅰ 「慣習肯定」の段階（児童期）：小学生
Ⅱ 「慣習否定」の段階（青年期初期）：中学生
　☆ルール・規則が権威の恣意的な命令としてみなされ拒否される段階
　☆退行期と思われる過渡的な段階（道徳的状況を曖昧に捉えるようになる時期）
　☆道徳行動の漸減期
　☆青年期初期に生じる社会認知的変化をどのように見越してうまく利用するのかということが道徳教育への問いかけとなる。
　☆「ルールだから」ではなく，「何がフェアなのか」「どうすることがフェアなのか」を考えさせることが大切になる。
Ⅲ 「慣習が社会の調和に重要なものとして肯定される」段階（青年期中期）：高校生〜

④道徳性を養うための手立て
　ア　対話の成立
　道徳性を養うためには「対話」が不可欠である。道徳科における「対話」は，ソクラテス的問答（「聞く」「答える」「問い返す」）が相応しい。そのポイントは次のとおりである。

- 対話（ギリシア語 dialogos，英語 dialogue）の形式で，相手方の議論を逐一吟味し，その中に含まれる矛盾や行き詰まりを自覚させ，より正しい道に沿って自分で真理を発見させる。（ソクラテスの「魂の助産術」）
- 対話（dialogos）は logos（言葉，理性，道理，真理，真相）を dia する（分かち持つ）ということ
- 対話（dialogos）のプロセスによって，対話者相互が当初持っていたそれぞれの狭い主観的見解を突破し，お互いが十分に納得できる立場，さらには事の道筋・道理から誰もが認めざるを得ないような立場に近づくことになる。（妥当性の高い倫理的見解を共有）

　イ　倫理的善の追究
　倫理的善とは自分にとってだけの善ではなく，また自分が直接関与する人々にとっての善だけでもなく，ありうるすべての他者一般にとって善と判

断されるような善のことをいう。倫理的善の追究は道徳科授業において道徳的価値を追求するプロセスそのものである。

(3) 道徳的な判断力，心情，実践意欲と態度の育成

①道徳的判断力と道徳的思考のプロセス

ア　一人学びの場の設定〔個人思考〕

道徳的な判断力を育成するためには，まず，自己の考えを持たせることが大切である。生徒指導の三機能にいう「自己決定」である。その際，判断の理由づけを重視する必要がある。

イ　相互作用（対話）の場の設定〔集団思考〕

次に，自己の考えを基に他者の考えとすり合わせることによって，道徳的思考を深めさせることが重要である。その際の指導方法として次のことが大切になる。

- ペアトーク・グループトーク・クラストークなどによって，生徒指導の三機能の一つである「共感的な人間関係」及び「自己存在感」や論理力（論理的思考力・論理的判断力・論理的表現力）を育成すること。
- 授業者がパイロット役（ファシリテーター役）を担うこと。決して授業者が児童生徒に特定の価値観を押しつけたり，特定の価値観に誘導したりすることではない。授業者が，児童生徒が答えが一つではない課題に対して道徳的に向き合い，考え，議論することができるように相互作用（対話）を促進する役割を果たすことである。

②道徳性の発達段階を意図した授業展開

児童生徒の道徳性の発達段階をあらかじめ想定しておき，中心発問に対する「予想される児童生徒の反応」を道徳性の発達段階別に学習指導案に明記しておくことが，道徳的思考（道徳的価値に基づく思考）を深めさせることにつながる。その際の留意事項として，次のことが大切になる。

- 道徳性の発達段階の違いによる意図的指名
- 議論を中心にした授業の組立←根拠（理由）に基づく意見の交流〔対話〕
- 道徳的思考を深めさせる発問←多面的・多角的な思考を可能にする発問

③道徳資料（道徳科教科書）の教材研究と活用方法
　ア　道徳資料（道徳科教科書）は「道徳的場面・状況（←道徳的行為が求められる場面・状況）」がしっかり描かれていることが重要
　イ　道徳資料（道徳科教科書）の教材研究と活用方法の検討

　道徳科授業の是非は，児童生徒が道徳資料（道徳科教科書）の中に具体的に描かれた道徳的場面・状況に立って，主人公がとった具体的な行為の意味を児童生徒の日常の場面・状況に結びつけて考えることを可能にするような道徳資料（道徳科教科書）の構造や，指導者の道徳資料（道徳科教科書）の活用能力にかかっている。このような道徳科授業の積み重ねが，児童生徒の道徳性（道徳的な判断力・心情・実践意欲と態度）を高めることになる。

④問題解決的な学習を取り入れた工夫
　これまでの道徳授業は，読み物の登場人物の心情理解のみに偏った形式的な指導になりがちであった。これからは，児童生徒に特定の価値観を押しつけたり，主体性を持たず言われるままに行動するよう指導したりすることは，道徳教育が目指す方向の対極にあるものとして，改善されなければならない。ここに問題解決的な学習が取り入れられなければならない理由がある。そのポイントは次のとおりである。

- 多様な価値観の，時に対立がある場合を含めて，誠実にそれらの価値に向き合い，道徳としての問題を考え続ける姿勢こそ道徳教育で養うべき基本的資質であること。
- 発達の段階に応じ，答えが一つではない道徳的な課題を一人一人の子どもたちが自分自身の問題として捉え，向き合い，考え，議論する道徳教育への転換により児童生徒の道徳性を育むこと。

　図１の道徳科の学習指導過程は，道徳資料「二通の手紙」を使って筆者が作成した学習指導案の展開の一部（中心発問と予想される生徒の反応）である。生徒に主人公の立場に立って考え，判断させ，判断理由の違い（道徳性の発達段階の違い）による道徳的葛藤討議に参画させることによって，道

段階	展開の視点と発問	生徒の活動と予想される反応	指導上の留意点及び支援の観点
展開	3. 道徳的葛藤討議 ◎二つの手紙を見せられた佐々木さんはなぜ「納得がいかない」と言って慎慨したのでしょうか。元さんのとった判断・行動は正しいと思いますか，間違っていると思いますか。 　理由を付けてワークシートに記述（自己決定）し，そのことを基にグループトーク→クラストークによって考えを深めましょう。	（3）元さんの立場に立った判断とその理由によって，クラストークを深める。このことを通して，元さんはどう判断すべきだったのかについて考える。 ○元さんの判断は正しい。（元さんへの懲戒処分は不当） ・姉弟が不憫でかわいそうだから。② ・子どもの夢をかなえるのが動物園の職員の仕事だから。③ ・善意や思いやりを大切にする社会を目指すべきだから。④ ○元さんの判断は間違っている。（元さんへの懲戒処分は妥当） ・規則を破れば懲戒処分の対象になるのは当然のことだから。② ・元さんの仕事の一つは不正な入園を防ぐことだから。③ ・個人の都合で規則を変えてはならないから。④	＊ワークシートの活用（判断・理由） ＊自己決定・相互作用 ＊教師のパイロット（ファシリテーター） ○予め全生徒の道徳性の発達段階を想定しておく。（②③④はコールバーグの道徳性発達理論にいう発達段階） ○道徳性の発達段階の違いを考慮しながら，意図的指名によって道徳的思考を深めさせる。

図1　道徳科の学習指導過程（問題解決的な学習型）

徳性の発達段階を高めることを意図した取組である。

　元さんの判断（幼い姉弟を保護者同伴でなければ入園させられないとする動物園のルールを破って入園させたこと）は正しかったのかどうかの発問に対して，生徒が反応するであろう判断に対する理由（②③④は道徳性の発達段階を表している）をあらかじめ想定しておくことによって葛藤（道徳的思考）を深めることが可能になる。主人公の立場に立って考え，判断し，表現することによって，問題解決的な学習を展開することになる。

3　道徳科の評価方法の工夫

　学習評価の目的は，現行の学習指導要領に示されているように，「きめの細かい学習指導の充実」や「児童生徒一人一人の学習内容の確実な定着」に置かれてきた。また，学習評価の改善に関する基本的な考え方も，「学習指導の在り方を見直すこと」「個に応じた指導の充実」「学校における教育活動を組織として改善すること」に置かれてきた。

現行の学習指導要領における学習評価の意義は「児童生徒の学習状況を検証し，結果の面から教育水準の維持向上を保障する」こと，学習評価を踏まえた教育活動の改善は「指導と評価の一体化」にあった。

　新学習指導要領は，「第3章　特別の教科　道徳」の「第3　指導計画の作成と内容の取扱い」の4において，「児童生徒の学習状況や道徳性に係る成長の様子を継続的に把握し，指導に生かすよう努める必要がある。ただし，数値などによる評価は行わないものとする。」ことを加えた。

　すなわち，新学習指導要領にいう道徳教育及び道徳科の評価は，児童生徒にとっては自分の成長を振り返る契機となるものであり，「他者との比較ではない」こと，「教師が児童生徒一人一人の人間的な成長を温かく見守る」ことによって，教師が児童生徒自身による道徳的価値に裏打ちされた人間的な成長の振り返りや道徳性の育成を支援すること，教師にとっては指導計画や指導方法を改善する手がかりとなることとして捉えられる。[9]

　したがって，新学習指導要領は，道徳科の評価を5段階などの数値ではなく記述式とし，児童生徒の成長を積極的に受け止め，励ますためのものであって，他の児童生徒と比べる相対評価を否定するとともに，入試に使わないことを明らかにした。すなわち，「道徳性を養うことを学習活動として行う道徳科の指導では，その学習状況や成長の様子を適切に把握し評価することが求められる」のである。[10]

　道徳科に関する評価の基本的な考え方については，次のことが挙げられる。[11]

- 評価は指導要録に設ける専用の記述欄に記載する。
- 「友情」「社会正義」「国や郷土を愛する態度」などの道徳の内容項目ごとではなく，全体として評価する。
- 児童生徒がいかに成長したかを積極的に受け止め，認め，励ますような個人内評価として記述式で行う。
- 児童生徒が他者の意見に触れたり，議論したりする中で，一面的な見方から多面的・多角的な見方に発展しているかを長期的視点で評価する。
- 評価のための判断材料は，授業中の会話や感想文，教材の登場人物を自分に置き換えて問題を理解し，解決しようとする姿勢などがある。
- 「道徳的諸価値の理解」と「人間としての生き方についての考え」を，相互に関連づけることによって，深い理解，深い考えとなっていくよう

```
<導入>
○資料の理解〔道徳的な心情〕
  ＊資料提示の工夫

<展開>
○中心発問に係る自己の考えをワークシートに記述する。〔道徳的な判断力〕
  ↓＊主体的な学び（一人学びの時間）
  【自己決定】
○教師は机間指導において，予め想定していた道徳性の発達段階との違いを確認する。
  ↓＊道徳的思考を深めるための相互作用（対話）の準備
○道徳性の発達段階の違いによる道徳的葛藤討議―相互作用(対話)の成立
  〔道徳的な判断力（判断の理由付けを大切にする），道徳的な心情〕
  ＊グループトーク，クラストーク
  ＊自分自身の問題と捉え，向き合う「考える道徳」，「議論する道徳」
  ＊主体的・対話的で深い学び（アクティブ・ラーニング）
  ＊教師のパイロット役（ファシリテーター役）
  【共感的な人間関係】

<終末>
○振返り〔道徳的な実践意欲と態度〕
  【自己存在感】

<注>〔  〕：道徳科の目標，【  】：生徒指導の三機能
```

図２　学習指導過程の基本

な学習活動に着目して評価する。
- 発言や文章を書くことが苦手な児童生徒については，他者の話を聞き，考えを深めようとする姿勢に着目して評価する。

4　道徳科の学習指導過程の工夫

　「特別の教科　道徳」（道徳科）の趣旨を生かした学習指導過程は，「考え，議論する道徳学習」，「問題解決的な道徳学習」を意図することが求められる。

(1) 道徳科の学習指導過程の基本

　図２に示す学習指導過程の基本は，筆者のこれまでの研究の成果（理論と実践の往還による成果）をまとめたものである（大学での講義〔道徳教育指導法〕や，学会での道徳教育にかかわる発表・掲載論文，SAME〔学校と

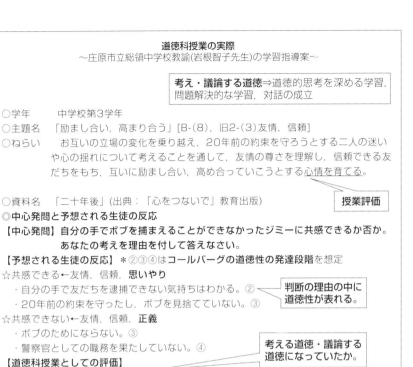

図3 学習指導過程の実際

道徳教育〕研究会での活動，公立小中学校の道徳の校内研修会での指導助言などによる）。

ポイントは次のとおりである。

- 道徳的思考を深めるための相互作用（対話）の場面設定と実際
- 道徳性の発達段階の違いによる道徳的葛藤討議の場面設定と実際
- 自分自身の問題と捉え，向き合う「考える道徳」，「議論する道徳」の展開（主体的・対話的で深い学びの展開，生徒指導の三機能の機能化）

(2) 道徳科の学習指導過程の実際

図3は，新学習指導要領で示された道徳科の指導及び評価の観点を盛り

込んだ学習指導過程である。この学習指導案は筆者が庄原市立総領中学校（文部科学省研究指定校）の校内研修会で講師として指導助言の任を務めたとき（平成28年度）のものである。道徳性の発達段階を意図した道徳的葛藤討議の様子を知ることができる。

今回の学習指導要領の改訂は，「いじめの問題への対応の充実や発達の段階をより一層踏まえた体系的なものとする観点からの内容の改善，問題解決的な学習を取り入れるなどの指導方法の工夫を図ることなどを示したもの」である[12]。

今後の道徳科の指導及び評価は，このことを踏まえて実施される必要があろう。そのベースとなるものが道徳教育及び道徳科の目標となる「道徳性の育成」である。本章は，道徳科の指導と評価について，一貫して「道徳性の育成」との関連の重要性を指摘してきた。その妥当性は，新学習指導要領の理念や内容に託されており，このことをベースに理論と実践の往還によって検証されることになる。　　　　　　　　　　　　　（竹田　敏彦）

〈注〉
(1) 文部科学省（2017）『中学校学習指導要領解説　特別の教科　道徳編』，p.13.
(2) 同書，p.8.
(3) 文部科学省（2017）『中学校学習指導要領』，p.3.
(4) 文部科学省（2017）『中学校学習指導要領解説　総則編』，p.28.
(5) 荒木紀幸（2015）「兵庫教育大学方式によるモラルジレンマ授業の研究――コールバーグ理論に基づくモラルジレンマ授業と道徳性の発達に及ぼす効果について」『道徳性発達研究』9（1），p.1.
(6) 櫻井育夫（1997）『道徳的判断力をどう高めるか――コールバーグ理論における道徳教育の展開』北大路書房，pp.47-50.
(7) Larry Nucci（2008）「青年期における道徳性のU字型発達」『日本道徳性発達実践学会第8回同志社大会発表論文集』，pp.3-5.
(8) 藤井義男（1966）『ギリシアの古典』中央公論社，p.78.
(9) 文部科学省（2017）『中学校学習指導要領解説　特別の教科　道徳編』，pp.107-108.
(10) 同書，p.109.
(11) 同書，pp.109-111.
(12) 同書，p.2.

第3章

「特別の教科 道徳」(道徳科)の授業改善の視点と具体

1 道徳教育の目標と道徳科の目標

　新学習指導要領「第3章　特別の教科　道徳」の「第1　目標」に次のことが示されている。⁽¹⁾

> 第1章総則の第1の2の(2)に示す<u>道徳教育の目標</u>に基づき，よりよく生きるための基盤となる<u>道徳性を養う</u>ため，<u>道徳的諸価値についての理解</u>を基に，自己を見つめ，物事を広い視野から<u>多面的・多角的に考え</u>，自己の生き方(小学校)・人間としての生き方(中学校)についての考えを深める学習を通して，<u>道徳的な判断力，心情，実践意欲と態度を育てる</u>。(下線は筆者による。以下同)

　このことから，「道徳教育の目標」が道徳性を養うこと，「特別の教科 道徳(道徳科)の目標」が道徳的な判断力，心情，実践意欲と態度を育てることであることが明白である。道徳科の目標については，旧学習指導要領と大きな変更は見られないが，「道徳的な判断力」が「道徳的な心情」及び「道徳的な実践意欲と態度」の前に位置づけられ，道徳科の判断力重視が明確にされた。その意義は大きい。

2 道徳教育の目標及び道徳科の目標に迫るための「道徳科の指導」

　道徳教育の目標及び「特別の教科 道徳」（道徳科）の目標に迫るための「道徳科の指導」については，新学習指導要領解説「特別の教科 道徳編」の「第4章 指導計画の作成と内容の取扱い　第2節 道徳科の指導　1」において，次のように示されている。[(2)]

　1　道徳科の指導の基本方針
　　道徳科においては，各教科，総合的な学習の時間，外国語活動（小学校）及び特別活動における道徳教育と密接な関連を図りながら，年間指導計画に基づき，児童生徒や学級の実態に即し，道徳科の特質に基づく適切な指導を展開しなければならない。そのために，以下のような指導の基本方針を明確にして指導に当たる必要がある。
　(1) 道徳科の特質を理解する
　　道徳科は，児童生徒一人一人が，<u>ねらいに含まれる道徳的価値についての理解を基に</u>，<u>自己を見つめ</u>，<u>物事を広い視野から多面的・多角的に考え</u>，<u>自己の生き方（小学校）・人間としての生き方（中学校）についての考えを深める</u>学習を通して，<u>内面的資質としての道徳性を主体的に養っていく</u>時間であることを理解する必要がある。
　(2) 信頼関係や温かい人間関係を基盤に置く
　　道徳科の指導は，<u>よりよい生き方について児童相互・生徒相互が互いに語り合うなど学級での温かな心の交流</u>があって効果を発揮する。
　　教師と児童生徒との信頼関係や児童相互・生徒相互の温かい人間関係は，<u>児童生徒一人一人が自分の感じ方や考え方を伸び伸びと表現することができる雰囲気を日常の学級経営の中で創り出すこと</u>によって豊かに育まれていく。また，道徳科における教師と児童生徒及び児童同士・生徒同士の心の交流は，学級の人間関係をより一層確かなものにしていく。
　　道徳科が学級経営と深く関わっていることを理解し，学級における信頼関係に基づく温かい人間関係を築き上げ，心の交流を深めることが大切である。

(3) 児童生徒の内面的な自覚を促す指導方法を工夫する

　道徳科の指導の目指すものは，個々の道徳的行為や日常生活の問題処理に終わるものではなく，児童生徒自らが時と場に応じて望ましい道徳的な行動が取れるような内面的資質を高めることにある。つまり，道徳科は，道徳的価値についての単なる知的理解に終始したり，行為の仕方そのものを指導したりする時間ではなく，ねらいとする道徳的価値について児童生徒自身がどのように捉え，どのような葛藤があるのか，また価値を実現することにどのような意味を見いだすことができるのかなど，道徳的価値を自己との関わりにおいて捉える時間である。したがって，児童生徒が道徳的価値を内面的に自覚できるよう指導方法の工夫に努めなければならない。

(4) 児童生徒の発達や個に応じた指導方法を工夫する

　児童生徒の発達は年齢によってほぼ共通した特徴を示すこと，年齢相応の発達の課題があることなどを十分把握して指導に当たる必要がある。

　しかし同時に，児童生徒の発達には個人差が著しいことや，日々の生活において個々の児童生徒が様々な課題を抱えていることを踏まえて，児童生徒一人一人や学級，学年の傾向をよく把握し，適切な指導を工夫する必要がある。児童生徒一人一人が，道徳科の主題を自分の問題として受け止めることができるように指導を工夫し，興味や関心を高められるように配慮することが大切である。

(5) 問題解決的な学習，体験的な活動など多様な指導方法の工夫をする

　実際の生活においては，複数の道徳的価値が対立し，葛藤が生じる場面が数多く存在する。その際，一つの答えのみが存在するのではなく，児童生徒は時と場合，場所などに応じて，複数の道徳的価値の中からどの価値を優先するかの判断を迫られることになる。こうした問題や課題について，多面的・多角的に考察し，主体的に判断し，よりよく生きていくための資質・能力を養うことが大切である。

　このためには，問題解決的な学習が重要である。豊かな体験は，児童生徒の内面に根ざした道徳性を養うことに資するものである。これらの体験活動を通して児童生徒が気付く様々な道徳的価値は，それらがもつ意味や大切さなどについて深く考える道徳科の指導を通して，内面的資質・能力である道徳性としてより確かに定着する。道徳科の指導におい

ては，職場体験活動やボランティア活動，自然体験活動などの体験活動を生かし，体験を通して感じたことや考えたことを基に対話を深めるなど，心に響く多様な指導の工夫に努めることが大切である。
(6) 道徳教育推進教師を中心とした指導体制を充実する

　道徳科の指導を計画的に推進し，また，それぞれの授業を魅力的なものとして効果を上げるためには，校長の方針の下に学校の全教師が協力しながら取組を進めていくことが大切である。校長の方針を明確にし，道徳教育推進教師を中心に指導体制の充実を図るとともに，道徳科の授業への校長や教頭などの参加，他の教師との協力的指導，保護者や地域の人々の参加や協力などが得られるように工夫する。

　また，道徳科の指導を展開するに当たっては，全教師が学校の道徳科の基本方針を十分に踏まえ，どのような児童生徒を育てようとするのか，そのために道徳科はどのような役割を果たすのか，また，どのような指導をしようとするのかということについて，共通に理解していくことが必要である。また，教師は自らの個性を十分に生かして指導に当たることが望ましい。なぜなら，教師の人間味ある指導の下でこそ，児童生徒が充実感をもって語り合い，考え，議論するような指導が展開できるからである。その際，教師は児童生徒と共に考え，悩み，感動を共有していくという姿勢で授業に臨み，児童生徒が自ら課題に取り組み，考え，よりよく生きるための基盤となる道徳性を養うことができるように配慮することが必要である。

　平成27年3月に学校教育法施行規則が改正され，平成29年3月に「道徳」から「特別の教科である道徳」へと学習指導要領が改定告示された。
　いじめ問題への対応の充実や発達の段階をよりいっそう踏まえた体系的なものとする観点からの内容の改善，問題解決的な学習を取り入れるなどの指導方法の工夫を図ることが求められているのである。
　学習指導要領が改定されることに先立ち，中教審が次のような答申を示した。

　　特定の価値観を押し付けたり，主体性をもたず言われるままに行動するよう指導したりすることは，道徳教育が目指す方向の対極にあるもの

と言わなければならない。多様な価値観の，時に対立がある場合を含めて，誠実にそれらの価値に向き合い，道徳としての問題を考え続ける姿勢こそ道徳教育で養うべき基本的資質である。

　新学習指導要領は，発達の段階に応じ，答えが一つではない道徳的な課題を一人一人の児童生徒が自分自身の問題と捉え，向き合う「考える道徳」「議論する道徳」を求めているのである。
　ここにいう「発達の段階に応じ」とは，道徳性の発達段階を意図した道徳科授業の展開と捉えたい。具体的には，コールバーグの道徳性発達理論やセルマンの役割取得理論などをベースにした「考える道徳」「議論する道徳」の保証である。道徳性の発達段階の違いを意図した道徳的葛藤討議による道徳科授業の創造である。このことによって，道徳科の目標である「道徳的な判断力，心情，実践意欲と態度を育てる」ことが可能になる。新学習指導要領にいう道徳科の目標，「道徳的な判断力，心情，実践意欲と態度を育てる」は，判断力重視そのものである。そうであるなら，判断力重視に相応しい道徳科授業が創造されなければならない。その一つが判断力重視の道徳科学習指導案の開発である。
　コールバーグの道徳性発達理論とセルマンの役割取得理論を次に示す。

①コールバーグによる道徳性発達段階（Kohlberg, 1984）[3]

前慣習的水準	第1段階　他律的道徳性 　社会状況におけるさまざまな立場からの観点が未分化である。罰せられることが悪である。社会的状況において，権威者，他者は同一の観点をもつものとされる。
	第2段階　個人主義的，道具主義的な道徳性 　具体的な他者の観点から考えることができる。その結果として，個人が異なる利害，欲求を持つことを知るようになる。したがって，各個人が，罰を含むマイナスの結果を最小限にし，プラスの結果を最大限に実現することが正しいとされる。しかし，個人間で衝突の生ずることがあることも理解していて，その場合，それぞれの個人が求めることは，その内容いかんにかかわらず同等の重みをもつとみなされる。
慣習的水準	第3段階　対人間の規範による道徳性 　充分に関連づけられずに認識されていた個人個人の観点は，第三者的な観点のもとに関係づけられる。信頼しあっている二人の関係を第三者の観点から理解することができ，またそのような理解が共有されなければならないと考える。人は，多くの人々とそれぞれ関係をもつことになり，その結果，大多数の自己への期待

	を認識しようとし,それにしたがうべきとする(「世間の目」にしたがう)。
	第4段階 社会組織の道徳性 　対人関係を一部として含む社会組織全体の維持という観点から,正しさが判断される。時として,社会的義務を十分に遂行している人々の間でも葛藤が生ずるが,その解決のための規則の必要性を認識する。
脱慣習的水準	第5段階 人間としての権利と公益の道徳性 　人が人間としての普遍的な権利,自由および生存権といった権利をもつものとして互いに認め,そして,そのような条件のもとで成立した契約,合意,法律によって社会組織は成立すべきであると考えられる。逆にこのような観点から社会組織の是非が批判的に検討される。また一方,公益「最大多数のための最大幸福」という原則が加わることによって,規則功利主義という立場に結びつく。
	第6段階 普遍化可能であり,可逆的であり,指令的な一般的倫理的原理 　第5段階では,固定された契約や契約的法律にしたがうが,第6段階では,それらを正当なものとならしめる決定の手続きに注目する。すなわち,それらが正当であり得るのは,すべての人間を手段としてではなく目的として扱い(その人格を尊重し),理想的役割取得によって決定がなされることにあるとする。すなわち,すべての人が,すべての他者の観点に立って考えることを想定したうえで同意に至る決定をすることにあるとする。

②セルマンの役割取得理論(Selman, R. L. 『Making A Friend in Youth』1990)[4]

役割取得能力(role-taking ability)は,相手の立場に立って心情を推し量り,自分の考えや気持ちと同等に他者の考えや気持ちを受け入れ,調整し,対人交渉に生かす能力である。それには,次の三つの機能がある。

①自他の観点の違いを意識すること
②他者の感情や思考などの内的特性を推論すること
③それに基づいて自分の役割行動を決定すること

セルマン(Selman 1976)はこの役割取得能力の発達を子どもの視点と他の人の視点が分化し,視点間の調整がなされていく構造的変化の過程と考えて,それを社会的視点取得能力(social perspective-taking ability)の発達と呼んでいる。

セルマンは社会的視点取得能力の発達段階の特徴を,

1) 人間のとらえ方(concepts of persons)
2) 関係のとらえ方(concepts of relations)

の2点から説明している (Selman 1976; 1980; Selman and Damon 1975)。

〔段階0〕：未分化で自己中心的な役割取得（約3～6歳）
　1）人間のとらえ方：未分化
　2）関係のとらえ方：自己中心性
　他者の単純な感情を理解できるが，自己の視点と他者の視点を，時として混同する。他者が自分と違った見方をしていることがわからない。
＊自分がサッカーを好きだから友達の誕生日にサッカーボールをあげたいという気持ちを持ったりする。（筆者が補足）

〔段階1〕：分化と主観的な役割取得（約5～9歳）
　1）人間のとらえ方：分化
　2）関係のとらえ方：主観的
　他者の思考や感情が自分と異なることに気づく。しかし，この段階の子どもは他者の感情や思考を主観的に判断して，他者の視点に立って考えることができない。
＊笑っていれば楽しい，泣いていれば悲しいといった理解で終わりやすい。（筆者が補足）

〔段階2〕：自己内省的／二人称と二者相応の役割取得（約7～12歳）
　1）人間のとらえ方：自己内省的／二人称
　2）関係のとらえ方：相互的（reciprocal 互恵的）
　他者の視点に立って自分自身の思考や感情を内省できる。しかし，双方の視点を考慮し，関係づけることができない。
＊笑っていても実は悲しいといった状況を理解するようになる。（筆者が補足）

〔段階3〕：三人称と相互的役割取得（約10～15歳）
　1）人間のとらえ方：三人称
　2）関係のとらえ方：相互的（mutual 共同的，共通的）
　それぞれの個人が自己と相手を対象として見ることができる。第三者

年令	認知能力	道徳性の発達		役割取得能力
		水準	段階	
大人・高校生・中学生	形式的操作	Ⅲ 慣習以降の自律的,原則的水準	六 普遍的,原理的原則	社会,慣習システム
			五 社会契約,法律の尊重	
		Ⅱ 慣習的水準	四 法と秩序の維持	
			三 良い子志向	相互的
小学生	具体的操作(可逆的)	Ⅰ 前慣習的水準	二 道具的互恵,快楽主義	自己内省的
			一 罰回避,従順志向	主観的
	前概念的操作(直感的)		○ 自己欲求希求志向	自己中心的

(出所) 荒木(1990)より。

図1 認知活動と役割取得能力の発達

の視点から自己と他者の思考や感情を調整できる。
＊「わたし」と「あなた」の二者間の視点だけでなく，「彼」「彼女」といった第三者の視点を取ることができるようになる。(筆者が補足)

〔段階4〕：広範囲の慣習的－象徴的役割取得（約12歳～大人）
　　〔一般化された他者としての役割取得（筆者が補足）〕
　1) 人間のとらえ方：広範囲
　2) 関係のとらえ方：慣習的－象徴的
　自己の視点を社会全体や集団全体を見る視点と関係づけることができる。
＊経験していない立場でもイメージで推論することができるようになる。
(筆者が補足)

　セルマンは社会的視点取得能力をコールバーグの段階と対応させている(1976)。図1は道徳性の発達と，①認知能力，及び，②役割取得能力の発達の関係を図式化したものである。道徳性はこの発達を受けて発達する。思いやりや他者への配慮は役割取得を媒介とし，道徳性，および向社会性の発達を促すことができる。

3 判断力重視の道徳科学習指導案の開発

　道徳科学習指導の展開については，新学習指導要領解説「特別の教科 道徳編」の「第4章　指導計画の作成と内容の取扱い　第2節　道徳科の指導　2」において，次のように示されている。(6)

2　道徳科の特質を生かした学習指導の展開
（1）道徳科の学習指導案
ア　道徳科の学習指導案の内容
　<u>道徳科の学習指導案は</u>，教師が年間指導計画に位置付けられた主題を指導するに当たって，<u>児童生徒や学級の実態に即して，教師自身の創意工夫を生かして作成する具体的な指導計画案のこと</u>である。これは<u>ねらいを達成するために，児童生徒がどのように学んでいくのかを十分に考慮して，何を，どのような順序で，どのような方法で指導し，評価し，さらに，主題に関連する本時以外の指導にどのように生かすのかなど</u>，学習指導の構想を一定の形式に表現したものである。
　学習指導案は，教師の指導の意図や構想が適切に表現されることが好ましく，各教師の創意工夫が期待される。したがって，その形式に特に決まった基準はないが，一般的な内容としては次のようなものが考えられる。
（ア）主題名
　原則として年間指導計画における主題名を記述する。
（イ）ねらいと教材
　年間指導計画を踏まえてねらいを記述するとともに教材名を記述する。
（ウ）主題設定の理由
　年間指導計画における主題構成の背景などを再確認するとともに，①<u>ねらいや指導内容についての教師の捉え方</u>，②<u>それに関連する児童生徒のこれまでの学習状況や実態と教師の児童観・生徒観</u>，③<u>使用する教材の特質や取り上げた意図及び児童生徒の実態と関わらせた教材を生かす具体的な活用方法</u>などを記述する。
　記述に当たっては，児童生徒の肯定的な面やそれを更に伸ばしていこ

うとする観点からの積極的な捉え方を心掛けるようにする。また，抽象的な捉え方をするのではなく，児童生徒の学習場面を予想したり，発達の段階や指導の流れを踏まえたりしながら，より具体的で積極的な教材の生かし方を記述するようにする。
(エ) 学習指導過程
　ねらいに含まれる道徳的価値について，児童生徒が道徳的価値についての理解を基に道徳的価値や自己の生き方（小学校）・人間としての生き方（中学校）についての自覚を深めることを目指し，教材や児童生徒の実態などに応じて，教師がどのような指導を展開していくか，その手順を示すものである。一般的には学習指導過程を，導入，展開，終末の各段階に区分し，児童生徒の学習活動，主な発問と児童生徒の予想される反応，指導上の留意点などで構成されることが多い。
ウ　学習指導案作成上の創意工夫
　学習指導案の作成に当たっては，これらの手順を基本としながらも，さらに，児童生徒の実態，指導の内容や意図等に応じて工夫していくことが求められる。特に，重点的な指導や問題解決的な学習を促す指導，体験活動を生かす指導，複数時間にわたる指導，多様な教材の活用，校長や教頭などの参加，他の教師との協力的な指導，保護者や地域の人々の参加や協力などの工夫が求められることから，多様な学習指導案を創意工夫していくことが求められる。
　学習指導案は，誰が見てもよく分かるように形式や記述を工夫するとともに，研修等を通じてよりよいものへと改善し，次回の指導に生かせるように学校として蓄積していくことも大切である。
(2) 道徳科の特質を生かした学習指導
　道徳科の指導においては，児童生徒一人一人がねらいに含まれる道徳的価値についての理解を基に，自己を見つめ，物事を広い視野から多面的・多角的に考え，道徳的価値や自己の生き方（小学校）・人間としての生き方（中学校）についての自覚を深めることで道徳性を養うという特質を十分考慮し，それに応じた学習指導過程や指導方法を工夫することが大切である。児童生徒自らが望ましい人間としての生き方を追求し，道徳的価値についての見方や感じ方，考え方を深めていく。それとともに，児童生徒が自らのよさや成長を実感できるように工夫することが求

められる。
　道徳科の学習指導過程には，特に決められた形式はないが，一般的には以下のように，導入，展開，終末の各段階を設定することが広く行われている。このような指導を基本とするが，学級の実態，指導の内容や教師の指導の意図，教材の効果的な活用などに合わせて弾力的に扱うなど，各段階で多様な工夫をすることが大切である。
ア　導入の工夫
　主題に対する生徒の興味や関心を高め，学習への意欲を喚起して，児童生徒一人一人のねらいの根底にある道徳的価値や自己の生き方（小学校）・人間としての生き方（中学校）についての自覚に向けて動機付けを図る段階である。
　具体的には，本時の主題に関わる問題意識をもたせる導入，教材の内容に興味や関心をもたせる導入などが考えられる。
イ　展開の工夫
　ねらいを達成するための中心となる段階であり，中心的な教材によって，生徒一人一人が，ねらいの根底にある道徳的価値の理解を基に，自己を見つめ，物事を広い視野から多面的・多角的に考え，道徳的価値や自己の生き方（小学校）・人間としての生き方（中学校）についての自覚を深める段階である。道徳的価値を児童生徒自らが自分のこととして捉え，道徳的価値を自分の生活の中に生かしていこうとする思いや課題が培われることが必要である。
　具体的には，児童生徒の実態と教材の特質を押さえた発問などをしながら進めていく。そこでは，教材に描かれている道徳的価値に対する児童生徒一人一人の感じ方や考え方を生かし，児童生徒が自分との関わりで道徳的価値を理解したり，物事を多面的・多角的に考えたり，自分の問題として受け止め深く自己を見つめるなど学習が深まるように留意する。児童生徒がどのような問題意識をもち，どのようなことを中心にして自己の生き方（小学校）・人間としての生き方（中学校）についての考えを深めていくのかについて主題が明瞭となった学習を心掛ける。また，問題解決的な学習や体験的な学習を取り入れる場合には，児童生徒と教師，児童相互・生徒相互の対話の深まり，議論の深まりが，児童生徒の見方や考え方の高まりを促すことから，課題に応じた活発な対話や

議論が可能になるよう工夫することが求められる。
　ウ　終末の工夫
　　ねらいの根底にある道徳的価値に対する思いや考えをまとめたり，道徳的価値を実現することのよさや難しさなどを確認して，今後の発展につなげたりする段階である。
　　この段階では，学習を通して考えたことや新たに分かったことを確かめたり，学んだことを更に深く心にとどめたり，これからへの思いや課題について考えたりする学習活動などが考えられる。児童生徒一人一人が，自らの道徳的な成長や明日への課題などを実感でき確かめることができるような工夫が求められる。

　以上のことを踏まえ，新学習指導要領解説「特別の教科　道徳編」の「第4章　指導計画の作成と内容の取扱い　第2節　道徳科の指導　2」で示された，「特質を生かした学習指導の展開」を参考にして作成したのが，道徳科学習指導過程の基本——道徳科の目標及び生徒指導の三機能，道徳性の発達段階を意図した道徳科学習指導案の開発——である。このことについては，第2章の図2で示したとおりである。
　道徳科学習指導の多様性については，新学習指導要領解説「特別の教科　道徳編」の「第4章　指導計画の作成と内容の取扱い　第2節　道徳科の指導　3」において，次のように示されている。[7]

　3　学習指導の多様な展開
　　道徳科の学習指導を構想する際には，学級の実態，児童生徒の発達の段階，指導の内容や意図，教材の特質，他の教育活動との関連などに応じて柔軟な発想をもつことが大切である。そのことによって，例えば，次のような学習指導を構想することができる。
　（1）多様な教材を生かした指導
　　道徳科では，道徳的行為を題材とした教材を用いることが広く見られる。教材については，例えば，伝記，実話，論説文，物語，詩，劇などがあり，多様な形式のものを用いることができる。それら教材を学習指導で効果的に生かすには，登場人物の立場に立って自分との関わりで道徳的価値について理解したり，そのことを基にして自己を見つめたりす

ることなどが求められる。また,教材に対する感動を大事にする展開にしたり,道徳的価値を実現する上での迷いや葛藤を大切にした展開,知見や気付きを得ることを重視した展開,批判的な見方を含めた展開にしたりするなどの学習指導過程や指導方法の工夫が求められる。その際,教材から読み取れる価値観を一方的に教え込んだり,登場人物の心情理解に偏ったりした授業展開とならないようにするとともに,問題解決的な学習を積極的に導入することが求められる。

(2) 体験の生かし方を工夫した指導

　児童生徒は,日常の生活や学校の全教育活動の中で様々な体験をしている。その中で,様々な道徳的価値に触れ,自分との関わりで感じたり考えたりしている。日常の体験を学習の中で発表することにとどまらず,日常体験そのものを教材としたり,道徳科において,職場体験活動やボランティア活動,自然体験活動などの体験活動を生かしたりするなどの多様な指導方法の工夫を行うことが考えられる。道徳科においては,児童生徒が日常の体験を想起する問いかけをしたり,体験したことの実感を深めやすい教材を生かしたり,実物の観察や実験等を生かした活動,対話を深める活動,模擬体験や追体験的な表現活動を取り入れたりすることも考えられる。

(3) 各教科等との関連をもたせた学習の指導

　各教科等と道徳科の指導との関連をもたせた学習指導が大切である。各教科等にはそれぞれ目標と内容があり,それらの特質を踏まえ,道徳科の指導と関連する部分を明らかにすることが必要である。

　例えば,国語科における物語文の学習,社会科における郷土の学習,保健体育科におけるチームワークを重視した学習,特別活動における奉仕等の体験的活動,総合的な学習の時間における異文化理解の学習との関連など,各教科等における学習と道徳科の指導のねらいが同じ方向をもつものである場合,学習の時期や教材を考慮したり,相互に連携を図ったりした指導を進めると,指導の効果を一層高めることが期待できる。その際,他教科等と道徳科それぞれの特質が生かされた関連となるように配慮することが大切である。

(4) 道徳科に生かす指導方法の工夫

　道徳科に生かす指導方法には多様なものがある。ねらいを達成するに

は,児童生徒の感性や知的な興味などに訴え,児童生徒が問題意識をもち,主体的に考え,話し合うことができるように,ねらい,児童生徒の実態,教材や学習指導過程などに応じて,最も適切な指導方法を選択し,工夫して生かしていくことが必要である。

そのためには,教師自らが多様な指導方法を理解したり,コンピュータを含む多様な情報機器の活用方法などを身に付けたりしておくとともに,指導に際しては,児童生徒の発達の段階などを捉え,指導方法を吟味した上で生かすことが重要である。

指導方法の工夫の例としては,次のようなものが挙げられる。

ア　教材を提示する工夫

教材を提示する方法としては,読み物教材の場合,教師による範読が一般に行われている。その際,例えば,劇のように提示したり,音声や音楽の効果を生かしたりする工夫などが考えられる。

また,ビデオなどの映像も,提示する内容を事前に吟味した上で生かすことによって効果が高められる。

なお,多くの情報を提示することが必ずしも効果的だとは言えず,精選した情報の提示が想像を膨らませ,思考を深める上で効果的な場合もあることに留意する。

イ　発問の工夫

教師による発問は,児童生徒が自分との関わりで道徳的価値を理解したり,自己を見つめたり,物事を多面的・多角的に考えたりするための思考や話合いを深める重要な鍵になる。発問によって児童生徒の問題意識や疑問などが生み出され,多様な感じ方や考え方が引き出される。そのためにも,児童生徒の思考を予想し,それに沿った発問や,考える必然性,切実感のある発問,自由な思考を促す発問,物事を多面的・多角的に考えたりする発問などを心掛けることが大切である。

発問を構成する場合には,授業のねらいに深く関わる中心的な発問をまず考え,次にそれを生かすためにその前後の発問を考え,全体を一体的に捉えるようにするという手順が有効な場合が多い。

ウ　話合いの工夫

話合いは,児童相互・生徒相互の考えを深める中心的な学習活動であり,道徳科においても重要な役割を果たす。考えを出し合う,まとめる,

比較するなどの目的に応じて効果的に話合いが行われるよう工夫する。座席の配置を工夫したり，討論形式で進めたり，ペアでの対話やグループによる話合いを取り入れたりするなどの工夫も望まれる。話すことと聞くことが並行して行われ，児童生徒が友達の考え方についての理解を深めたり，自分の考え方を明確にしたりすることができる。

　その効果を一層高めるためには，教師が適切な指導・助言を行い，話合いを効果的に展開し，児童生徒一人一人の道徳的なものの見方や考え方を深めていくことが望まれる。そのためには，話合いの形態を固定化したり形式化したりすることなく，学級の児童生徒の実態や発達的特質，取り上げる教材の特質，他の教育活動との関連などに応じて工夫することが大切である。特に，児童生徒の多様な感じ方や考え方を引き出すとのできる学級の雰囲気をつくることが重要である。

エ　書く活動の工夫

　書く活動は，児童生徒が自ら考えを深めたり，整理したりする機会として，重要な役割をもつ。この活動は，必要な時間を確保することで，児童生徒は自分なりにじっくりと考えることができる。また，学習の中で個別化を図り，児童生徒の感じ方や考え方を捉え，個別指導を進める重要な機会にもなる。さらに，一冊にとじられたノートなどを活用することによって，児童生徒の学習を継続的に深めていくことができ，児童生徒の成長の記録として活用したり，評価に生かしたりすることもできる。

オ　動作化，役割演技など表現活動の工夫

　児童生徒が表現する活動の方法としては，発表したり書いたりすることのほかに，児童生徒に特定の役割を与えて即興的に演技する役割演技の工夫，動きやせりふのまねをして理解を深める動作化の工夫，音楽，所作，その場に応じた身のこなし，表情などで自分の考えを表現する工夫などがよく試みられる。

　また，実際の場面の追体験，実験や観察，調査等による表現物を伴った学習活動も実感的な理解につながる方法である。

　道徳科の授業に動作化や役割演技，コミュニケーションを深める活動などを取り入れることは，生徒の感性を磨いたり，臨場感を高めたりすることとともに，表現活動を通して自分自身の問題として深く関わり，

ねらいの根底にある道徳的価値についての共感的な理解を深め,主体的に道徳性を身に付けることに資するものである。

指導に当たっては,児童生徒が伸び伸びと表現できるよう配慮するとともに,日常生活の指導の中で表現活動に慣れさせることや自由に表現できる学級の雰囲気をつくることが大切である。また,これらの活動が単に興味本位に流れたりしないで道徳科のねらいを達成することができるようにするため,活動を取り入れる目的やねらい達成の見通しをもち,場面設定をしっかりしておくことなど事前の十分な準備と配慮が大切である。

カ　板書を生かす工夫

道徳科では黒板を生かして話合いを行うことが多く,板書は児童生徒にとって思考を深める重要な手掛かりとなる。板書は教師の伝えたい内容を示したり,その順序や構造を示したり,内容の補足や補強をしたりするなど,多様な機能をもっている。

板書の機能を生かすために重要なことは,思考の流れや順序を示すような順接的な板書だけでなく,違いや多様さを対比的,構造的に示す工夫,中心部分を浮き立たせる工夫など,教師が意図を明確にして板書を工夫することが大切である。

また,教師が児童生徒の考えを取り入れ,児童生徒と共につくっていくような創造的な板書となるように心掛けることも大切である。

キ　説話の工夫

説話とは,教師の体験談や願い,児童生徒の日常生活における身近な話題,児童生徒の関心や視野を広げる時事問題,ことわざや格言,心に残る標語,地域の自然や伝統文化に関することなどを盛り込んで話すことによって,児童生徒がねらいの根底にある道徳的価値を一層主体的に考えられるようにするものである。教師が意図をもってまとまった話をすることは,生徒が思考を一層深めたり,考えを整理したりする上で効果的である。

教師が自らを語ることによって児童生徒との信頼関係が増すとともに,教師の人間性がにじみ出る説話は,児童生徒の心情に訴え,深い感銘を与えることができ,ねらいの根底にある道徳的価値を生徒が一層主体的に捉え,自己の生き方(小学校)・人間としての生き方(中学校)につ

いての自覚を深めることができる。教師は，説話の効果が大きいことに鑑み，話題の選択，内容の吟味，話の進め方やまとめ方などを工夫することが大切である。なお，児童生徒への叱責，訓戒や行為，考え方の押し付けにならないよう注意する必要がある。

4 扇（道徳教育全体）の要としての道徳科

新学習指導要領「第1章　総則」の第1（学校教育の基本と教育課程の役割）の2（2）に次のことが示されている。(8)

　学校における道徳教育は，特別の教科である道徳（以下「道徳科」という。）を要として学校の教育活動全体を通じて行うものであり，道徳

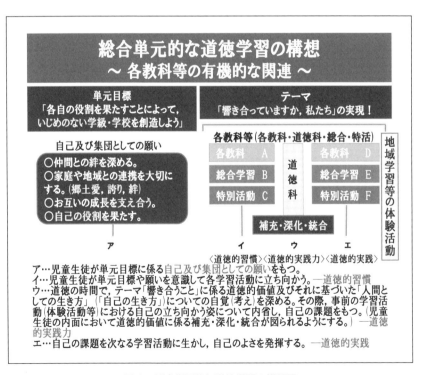

図2　総合単元的な道徳学習の構想図

> 科はもとより，各教科，外国語活動（小学校），総合的な学習の時間及び特別活動のそれぞれの特質に応じて，児童生徒の発達の段階を考慮して，適切な指導を行わなければならない。

　このことから，道徳教育は道徳科だけでできるものではないことがわかる。道徳教育を扇に例えるならば，扇全体（学校の教育活動全体）が道徳教育であり，扇の要が道徳科であるといえる。扇を開いたり閉じたりする要の役割を果たすのが道徳科そのものである。扇全体が機能するかどうかは道徳科次第なのである。「道徳科の事前の活動として行われる各教科等の教育活動①」→「道徳科」→「道徳科の事後の活動として行われる各教科等の教育活動②」という構造，すなわち「総合単元的な道徳学習」のイメージである。図２の構想図（筆者作成）はその一例である。　　　　　　　　（竹田　敏彦）

〈注〉
(1)　文部科学省（2017）『中学校学習指導要領』，p.154. 文部科学省（2017）『小学校学習指導要領』，p.165.
(2)　文部科学省（2017）『中学校学習指導要領解説　特別の教科　道徳編』，pp.76-78. 文部科学省（2017）『小学校学習指導要領解説　特別の教科　道徳編』，pp.78-80.
(3)　日本道徳性心理学研究会編（1992）『道徳性心理学』北大路書房，pp.56-57. 本文の下線は筆者による。
(4)　同書．p.176．p.180．p.182．ハーバード大学のセルマンは「相手の気持ちを推測し，理解する能力」のことを「役割取得能力：Ability of Role-Taking」として提唱し，レベル０からレベル４までの５段階の発達段階があることを明らかにしている。本文の下線は筆者による。
(5)　同書．pp.184-185.
(6)　文部科学省（2017）『中学校学習指導要領解説　特別の教科　道徳編』，pp.78-81. 文部科学省（2017）『小学校学習指導要領解説　特別の教科　道徳編』，pp.80-83.
(7)　文部科学省（2017）『中学校学習指導要領解説　特別の教科　道徳編』，pp.82-85. 文部科学省（2017）『小学校学習指導要領解説　特別の教科　道徳編』，pp.83-86.
(8)　文部科学省（2017）『中学校学習指導要領』，p.19. 文部科学省（2017）『小学校学習指導要領』，p.17.

第4章

道徳教育学
―― 体罰といじめの深層を考える

近年,「体罰」及び「いじめ」の問題がマスメディアで取り上げられることが多くなり,学校問題のみならず社会問題として注目されるようになってきた。被害者がいずれも児童生徒であり,体罰に至っては教師による児童生徒への暴力であることから,事態は深刻である。「体罰」や「いじめ」はなぜなくならないのか。

本章は,道徳教育の重要な問題として,「体罰」と「いじめ」の深層に迫る。「体罰」と「いじめ」の問題の克服に向けた学びが,児童生徒一人一人にとって,また,学級,学年,学校,家庭,社会全体といった様々な集団にとって,有意義かつ充実したものになることを願い,理論と実践の両面から展開する。

1 なぜ学校の体罰はなくならないのか

(1) 大阪市立桜宮高等学校男子生徒の体罰死事件

体罰の行使が日常茶飯事となっている。大阪市立桜宮高等学校男子生徒の体罰死事件 (2012年12月23日) が大きなニュースとして取り上げられてから5年がたった。近年において,これほどまでに大きな波紋を広げた体罰問題はなかった。体罰問題は依然として深刻な状況に置かれている。

教員が学校教育法第11条但書 (体罰の禁止) の規定を知らないということは考えられない。知っていて体罰に至っているのである。では,なぜ,体罰はなくならないのか。単なる教育論や法理論では解決できない問題がある。

大阪市立桜宮高等学校男子生徒の体罰死事件は,大阪市立桜宮高等学校バ

53

スケットボール部主将で2年生の男子生徒（当時17歳）が自室で首を吊って自殺するというショッキングな事案であった。自殺の原因は，同校バスケットボール部顧問の教諭（47歳）が，2012（平成24）年12月18日，同校体育館での練習試合で生徒の顔を平手で数回殴り，同22日午後にも平手で10数回殴って唇の粘膜下出血など全治2～3週間のけがを負わせたことによる。

大阪市教育委員会は，外部監察チームがまとめた中間報告書を基に，同顧問を，恒常的に体罰をしていたとして2013（平成25）年2月13日に懲戒免職にした。同チームは最終報告書で「適切に対処していれば生徒の自殺を防ぐことができた」として，元校長や教頭の管理監督責任も指摘した。

2013（平成25）年10月11日，大阪地裁は，大阪市立桜宮高等学校バスケットボール部主将2年生の男子生徒（当時17歳）に対する傷害と暴行の罪に問われた顧問の被告（当時47歳，懲戒免職）に対して懲役1年執行猶予3年（求刑懲役1年）の判決を下し，刑が確定した（期限までに，検察側，被告側の双方とも控訴しなかったことによる）。同判決は，体罰が自殺の一因になったことを指摘した。

（2）文部科学省「体罰の禁止及び児童生徒理解に基づく指導の徹底について」

文部科学省は，大阪市立桜宮高等学校男子生徒の体罰死事件を重く受け止め，各都道府県教育委員会に対して，次のような通知を示した[(1)]（下線は筆者による。以下同）。

1　体罰の禁止及び懲戒について

体罰は，学校教育法第11条において禁止されており，校長及び教員（以下「教員等」という。）は，児童生徒への指導に当たり，いかなる場合も体罰を行ってはならない。体罰は，違法行為であるのみならず，児童生徒の心身に深刻な悪影響を与え，教員等及び学校への信頼を失墜させる行為である。

体罰により正常な倫理観を養うことはできず，むしろ児童生徒に力による解決への志向を助長させ，いじめや暴力行為などの連鎖を生む恐れがある。もとより教員等は指導に当たり，児童生徒一人一人をよく理解し，適切な信頼関係を築くことが重要であり，このために日頃から自らの指導の在り方を見直し，指導力の向上に取り組むことが必要である。

懲戒が必要と認める状況においても，決して体罰によることなく，児童生徒の規範意識や社会性の育成を図るよう，適切に懲戒を行い，粘り強く指導することが必要である。ここでいう懲戒とは，学校教育法施行規則に定める退学（公立義務教育諸学校に在籍する学齢児童生徒を除く。），停学（義務教育諸学校に在籍する学齢児童生徒を除く。），訓告のほか，児童生徒に肉体的苦痛を与えるものでない限り，通常，懲戒権の範囲内と判断されると考えられる行為として，注意，叱責，居残り，別室指導，起立，宿題，清掃，学校当番の割当て，文書指導などがある。

2　懲戒と体罰の区別について
(1)　教員等が児童生徒に対して行った懲戒行為が体罰に当たるかどうかは，当該児童生徒の年齢，健康，心身の発達状況，当該行為が行われた場所的及び時間的環境，懲戒の態様等の諸条件を総合的に考え，個々の事案ごとに判断する必要がある。
(2)　(1)により，その懲戒の内容が身体的性質のもの，すなわち，身体に対する侵害を内容とするもの（殴る，蹴る等），児童生徒に肉体的苦痛を与えるようなもの（正座・直立等特定の姿勢を長時間にわたって保持させる等）に当たると判断された場合は，体罰に該当する。

3　正当防衛及び正当行為について
(1)　児童生徒の暴力行為等に対しては，毅然とした姿勢で教職員が一体となって対応し，児童生徒が安心して学べる環境を確保することが必要である。
(2)　児童生徒から教員等に対する暴力行為に対して，教員等が防衛のためにやむを得ずした有形力の行使は，もとより教育上の措置たる懲戒行為として行われたものではなく，これにより身体への侵害又は肉体的苦痛を与えた場合は体罰には該当しない。また，他の児童生徒に被害を及ぼすような暴力行為に対して，これを制止したり，目前の危険を回避したりするためにやむを得ずした有形力の行使についても，同様に体罰に当たらない。これらの行為については，正当防衛又は正当行為等として刑事上又は民事上の責めを免れうる。

文部科学省は，この通知の中で，「体罰は，違法行為であるのみならず，児童生徒の心身に深刻な悪影響を与え，教員等及び学校への信頼を失墜させる行為である」こと，「体罰により正常な倫理観を養うことはできず，むしろ児童生徒に力による解決への志向を助長させ，いじめや暴力行為などの連鎖を生む恐れがある」ことを指摘した。このことは重要な指摘である。「体罰がなぜあってはならない行為であるのか」をよく物語っている。体罰が児童生徒の心身に深刻な悪影響を与え，倫理観を低下させ，いじめや暴力行為などの連鎖を生むことにつながっていることは，容易に理解できる。

　また，文部科学省が，教員等が児童生徒に対して行った懲戒行為が体罰にあたるかどうかの判断基準を，当該児童生徒の年齢，健康，心身の発達状況，当該行為が行われた場所的及び時間的環境，懲戒の態様等の諸条件を総合的に考え，個々の事案ごとに判断することに求めたことは，具体的であり，分かりやすい。しかし，それでもなお，懲戒と体罰の境は明確であるとはいえず，ケース・バイ・ケースとならざるを得ない。

(3) 学校教育法第11条但書の認識と体罰の実態

①学校教育法第11条但書の認識

　学校教育法第11条は，「校長及び教員は，教育上必要があると認めるときは，文部科学大臣が定めるところにより，児童，生徒及び学生に懲戒を加えることができる。ただし，体罰を加えることはできない。」ことを明確にしている。

　「文部科学大臣が定めるところ」とは，学校教育法施行規則第26条第1項にいう「校長及び教員が児童等に懲戒を加えるにあたっては，<u>児童等の心身の発達に応ずる等教育上必要な配慮</u>をしなければならない」ことを指している。

　教員は学校教育法第11条但書の存在を認識している。しかし，学校の体罰は起こり続けている。体罰の実態には次のことが想定される。

①法令を無視して積極的に体罰を行った。
②感情的になってしまい，体罰を行うことをセーブすることができなかった。

①の理由には，「体罰に教育的効果があると信じて疑わなかった」「児童生徒の言動が人として許せなかった」「体罰以外に，その場にふさわしい指導が見当たらなかった」「その程度は体罰に該当しないと思った」などが想定される。
　②の理由には，「児童生徒の横柄な言動に教師としてのプライドが傷つけられ，我慢することができなかった」「児童生徒の言動を冷静に受け止め，判断し，指導することができなかった」「大勢の前で悪態をつく児童生徒を許すことができなかった」「言葉で指導する自信がなかった」などが想定される。
　このように体罰事案のケースは多様であり，分類することは困難であるが，上記①②のように，ほぼ二つに大別できる。

①法令を無視して実行する「確信犯型の体罰」
②法令を遵守する思いをもちつつも，感情に流され実行してしまう「激情型の体罰」

　これらはいずれも，教育論としての体罰論にすぎない。少なくとも，法理論としての体罰論とはいえない。なぜなら，法理論としての体罰論は，学校教育法第11条但書の規定をどのように法解釈するのかにかかっているからである。
　上記①②が果たして正当な教育論といえるのかどうか。教員が体罰を肯定する理由を「愛のムチ論」や「スキンシップ論」のような教育論として捉えてよいのかということである。教育とはどうあるべきなのかや，教師たる者はどうあらねばならないのかが問われなければならない。真の意味の教育論は教育についての確かな理論，普遍性が求められるべきものである。そのような教育論は法理論に勝るとも劣らない説得力を持つことになるであろう。

②体罰の実態
　文部科学省は，大阪市立桜宮高等学校男子生徒の体罰死事件を重く受け止め，全国レベルでの体罰実態調査を行った。その最終結果が2013（平成25）年8月9日に示された第2次報告（平成24年度に発生した体罰の状況：国公私立合計）である。図1〜図5は，文部科学省の第2次報告のデータに

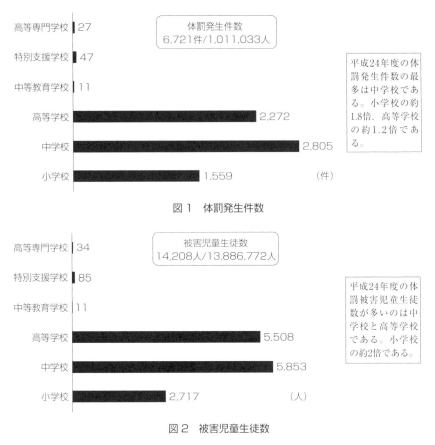

図1　体罰発生件数

図2　被害児童生徒数

基づき，筆者がグラフ化したものである。

　③学校教育法第11条但書に関する法意識
　筆者は，教職課程を履修し，教師になることを目指している学生に対して，学校教育法第11条但書に関する法意識調査を行った。本調査は，学校教育法第11条但書に関する知識がどの程度あるかの違いによって，Aタイプ（学校教育法第11条但書に関する知識が乏しい学生群：学校教育法第11条但書に関する学びを大学の授業で履修していない学生群）とBタイプ（学校教育法第11条但書に関する知識を得ている学生群：学校教育法第11条但書に関する学びを大学の授業で履修した学生群）に分類して調査を行った。

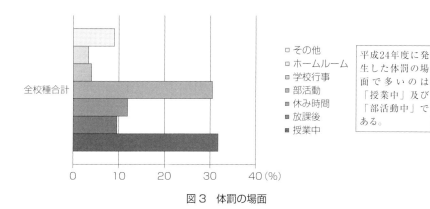

図3　体罰の場面

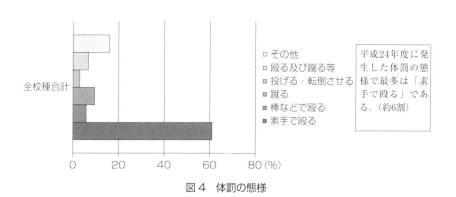

図4　体罰の態様

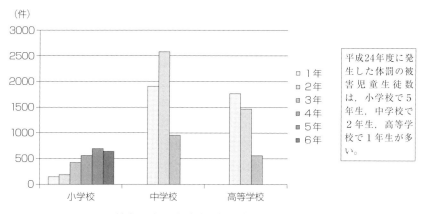

図5　被害を受けた児童生徒数の校種間及び学年間比較

第4章　道徳教育学

〈Aタイプ〉
＊調査年月日：2015.7.7〜2015.7.13
＊調査対象者：H国立大学　104名（回答者）／126名［教職課程履修の2年次生（理学部・工学部・生物生産学部）：授業科目「教職入門」］
＊調査対象者：K私立大学　45名（回答者）／56名［教職課程履修の2,3年次生（心理科学部）：授業科目「教職概論」］

	調査項目		回答内容	小合計 男性	小合計 女性	総合計 男女
A	体罰が法律で禁止されていることを知っていたか	1	はい	97(90.7)	41(97.6)	138(92.6)
		2	いいえ	10(9.3)	1(2.4)	11(7.4)
B	Aのことを知ったのはいつ頃か	1	小学生の頃	10(9.3)	4(9.5)	14(9.4)
		2	中学生の頃	36(33.6)	12(28.6)	48(32.2)
		3	高校生の頃	43(40.2)	13(31.0)	56(37.6)
		4	大学生になって	6(5.6)	12(28.6)	18(12.1)
C	体罰が法律で禁止されていることをどう思うか	1	賛成	48(44.9)	24(57.1)	72(48.3)
		2	反対	17(15.9)	5(11.9)	22(14.8)
		3	気にしていない	42(39.3)	13(31.0)	55(36.9)
D	体罰に教育的効果があると思うか	1	大いにある	10(9.3)	3(7.1)	13(8.7)
		2	少しある	74(69.2)	19(45.2)	93(62.4)
		3	全くない	20(18.7)	20(47.6)	40(26.8)
E	肉体的苦痛を与えない程度の有形力の行使は認めてもよいと思うか	1	認めてもよい	66(61.7)	19(45.2)	85(57.0)
		2	認めるべきでない	16(15.0)	12(28.6)	28(18.8)
		3	よくわからない	25(23.4)	11(26.2)	36(24.2)
F	長時間にわたる端座，直立，放課後の居残りなども体罰に当たると思うか	1	そう思う	34(31.8)	15(35.7)	49(32.9)
		2	そう思わない	54(50.5)	12(28.6)	66(44.3)
		3	よくわからない	19(17.8)	14(33.3)	33(22.1)

　上記の学校教育法第11条但書に関する法意識調査の結果から次のことがわかる。

　A：男女とも9割を超える学生が「体罰が法律で禁止されていることを知っていた」と回答した。しかし，体罰が法で禁止されていることを知っていることと，体罰を否定する（行使しない）こととが必ずしも一致し

ない実態が見られることは自明の理である。大学生への法教育の重要性がここにある。

B：多くの学生が，「体罰が法律で禁止されていることを知った」時期を中学生・高校生の頃であったと回答した。中・高校時代に，教師から体罰を受けた経験や体罰事件の報道等によって認識したことが想定される。

C：「体罰が法律で禁止されていること」を肯定的に受け止めていない学生が男性で約55％，女性で約43％もいることがわかった。このことは体罰を肯定する裏返しとも考えられる。

D：「体罰に教育的効果がある」と思っている学生が男性で78.5％，女性で52.3％もいることがわかった。男女差が大きいこともわかった。Cの裏返しとしてDがあることがうかがえる。

E：「肉体的苦痛を与えない程度の有形力の行使」を認めてもよいと思っている学生が，男性で61.7％，女性で45.2％もいることがわかった。軽い程度の有形力の行使は体罰ではないとする認識がうかがえる。

F：「長時間にわたる端坐，直立，放課後の居残りなど」が体罰に該当すると思っている学生は，男性で31.8％，女性で35.7％しかいないことがわかった。殴る，蹴るの類のみが体罰だと認識していることがうかがえる。

以上のことから，次のことがいえそうである。

・Cの結果（「体罰が法律で禁止されていること」を肯定的に受け止めていない学生が男性で約55％，女性で約43％もいること）はD（「体罰に教育的効果がある」と思っている学生が男性で78.5％，女性で52.3％もいること）の裏返しでもあると捉えられる。このまま学生たちが教職に就くならば，体罰を行ってしまう危険性が想定される。

・「体罰に教育的効果がある」と思っている学生の比率が高いことは驚きである。被体罰の経験からそう思っているのであれば，教師の事後ケアがよほどうまくいったケースであったことが考えられる。他者が体罰を受けるのを見てそう思ったのであれば，体罰によって当該の生徒や所属集団にとって利するところがあったものと考えられる。いずれにしても，教師の体罰行為を学生たちが児童生徒の時代を通して予想以上に肯定的

に捉えていたことがうかがえる。このことは教師の体罰を後押しすることになる。
- 「長時間にわたる端坐，直立，放課後の居残りなど」が体罰に該当することを理解していないことがうかがえる。殴る，蹴るの類などの物理的な力によらなくても，懲戒の方法によっては，結果的に肉体的苦痛を与えるケースがあることを学生に認識させておくことが望まれる。このことを認識できていない学生たちがこのまま教職に就くならば，体罰を行ってしまう危険性が想定される。

〈Bタイプ〉
＊調査年月日：2018.5.7
＊調査対象者：Y私立女子大学173名（回答者）／190名［教職課程を履修している学生を中心とした1・2・3・4年生（<u>日本文学</u>14名，書道3名，<u>英米文学</u>8名，<u>児童教育</u>77名，<u>心理</u>22名，<u>生活デザイン</u>12名，<u>管理栄養</u>7名，国際観光5名，造形デザイン11名，薬学2名，看護12名。下線部の学科が教職課程を有している学科。），授業科目：共通教育「人間形成の科学A」＝「道徳教育学―いじめ・体罰の深層を考える」］

調査項目		回答内容		小合計		総合計
				教育学部	他学部	全学部
A	体罰が法律で禁止されていることを知っていたか	1	はい	60(77.9)	80(83.3)	140(80.9)
		2	いいえ	17(22.1)	16(16.7)	33(19.1)
B	Aのことを知ったのはいつ頃か	1	小学生の頃	6(10.0)	10(12.5)	16(11.4)
		2	中学生の頃	28(46.7)	27(33.8)	55(39.3)
		3	高校生の頃	25(41.7)	32(40.0)	57(40.7)
		4	大学生になって	1(1.6)	11(13.7)	12(8.6)
C	体罰が法律で禁止されていることをどう思うか	1	賛成	73(94.8)	89(92.7)	162(93.6)
		2	反対	0(0.0)	1(0.6)	1(0.6)
		3	気にしていない	4(5.2)	6(5.8)	10(5.8)
D	体罰に教育的効果があると思うか	1	大いにある	2(2.6)	4(4.2)	6(3.5)
		2	少しある	32(41.6)	32(33.7)	64(37.2)
		3	全くない	43(55.8)	59(62.1)	102(59.3)
E	肉体的苦痛を与えない程度の有形力の行使は認めてもよいと思	1	認めてもよい	42(54.5)	39(41.1)	81(47.1)
		2	認めるべきでない	23(29.9)	38(40.0)	61(35.5)

	うか	3	よくわからない	12(15.6)	18(18.9)	30(17.4)
F	長時間にわたる端座，直立，放課後の居残りなども体罰に当たると思うか	1	そう思う	45(59.2)	42(44.3)	87(50.9)
		2	そう思わない	17(22.4)	37(38.9)	54(31.6)
		3	よくわからない	14(18.4)	16(16.8)	30(17.5)

　上記の学校教育法第11条但書に関する法意識調査の結果から次のことがわかる。

A：約8割の学生が「体罰が法律で禁止されていることを知っていた」と回答した。Aタイプと比べて，1割程度低いが，タイプの違いによる有意差はないものと考えられる。
B：多くの学生が，「体罰が法律で禁止されていることを知った」時期を中学生・高校生の頃であったと回答した。Aタイプと比べて，1割程度高いが，タイプの違いによる有意差はないものと考えられる。
C：「体罰が法律で禁止されていること」を肯定的に受け止めている学生は約94％である。Bタイプならではの結果である。しかし，約6％の学生は否定的に受け止めている。
D：「体罰に教育的効果が全くない」と明確に回答した学生は約6割である。Aタイプで「体罰に教育的効果がある」と回答した男性が78.5％，女性が52.3％もいたことと比較すれば，「体罰に教育的効果がある」ことに否定的な学生の割合が女性において1割程度増えたことになる。しかし，Bタイプとしては意外な数字である。「体罰に教育的効果がある」と思っている学生が，体罰に係る学習（認識）の程度にかかわらず，少なからずいることがわかった。由々しき問題である。学生たちがこのまま教職に就くならば，体罰を行ってしまう危険性が想定される。
E：「肉体的苦痛を与えない程度の有形力の行使」を認めてもよいと思っている学生が約47％もいる。これは，Aタイプの男性が61.7％，女性が45.2％であることと比べてみても，有意差があるとは考えられない。Aタイプと同様に「軽い程度の有形力の行使は体罰ではない」とする認識がうかがえるのである。
F：「長時間にわたる端坐，直立，放課後の居残りなど」が体罰に該当すると思っている学生は，約51％である。Aタイプで男性が31.8％，女

性が35.7%しかいなかったことを思えば，15%程度高まったといえる。しかし，Bタイプとしては意外な数字である。依然として，殴る，蹴るの類のみが体罰だと認識していることがうかがえる。

以上のことから，AタイプとBタイプの違い（体罰に係る学習〔認識〕の程度の違い）によって，次のことがいえそうである。

- Cの結果（「体罰が法律で禁止されていること」を肯定的に受け止めている学生が約94%であること）は，Bタイプならではの結果であり，Aタイプと比べて有意差があるといえそうである。しかし，約6%の学生が否定的に受け止めていることから，体罰に係る学習（認識）のレベルを上げることが求められる。
- Bタイプにおいても，「体罰に教育的効果がある」と思っている学生の比率が高い（約4割もいる）ことや，「肉体的苦痛を与えない程度の有形力の行使」を認めてもよいと思っている学生が約半数もいること，「長時間にわたる端坐，直立，放課後の居残りなど」が体罰に該当することを理解していない学生が少なからずいる（約半数もいる）ことがわかった。体罰に係る学習（認識）のレベルを引き上げることが求められる。

2　なぜ「いじめ」はなくならないのか

(1) いじめの認知（発生）件数の推移（国公私立）

文部科学省は，平成28年度のいじめの認知（発生）件数の推移（国公私立）を，図6のように示した。[(2)]

平成28年度のいじめの認知（発生）件数の推移（国公私立）は，小学校：23万7921件（前年度比8万6229件増），中学校：7万1309件（前年度比1万1807件増），高校：1万2874件（前年度比210件増），特別支援学校：1704件（前年度比430件増）である。平成28年度の全校種合計は約32万4千件となっている。

このグラフをよく見ると，昭和61年度，平成6年度，平成18年度，平成25年度を節目にいじめの認知（発生）件数の推移（国公私立）が大きく変化していることがわかる。この変化は，「いじめの定義の変化」と深くかか

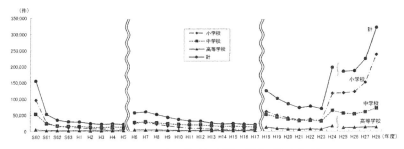

図6 いじめの認知(発生)件数の推移(国交私立)

わっていることに気づかされる。「いじめの定義の変化」は次のとおりである。
(3)

■1986(昭和61)年度調査から施行
　①自分より弱い者に対して一方的に，②身体的・心理的な攻撃を継続的に加え，③相手が深刻な苦痛を感じているものであって，学校としてその事実(関係児童生徒，いじめの内容等)を確認しているもの。なお，起こった場所は学校の内外を問わないものとする。

■1994(平成6)年度調査から施行
　①自分より弱い者に対して一方的に，②身体的・心理的な攻撃を継続的に加え，③相手が深刻な苦痛を感じているもの。なお，起こった場所は学校の内外を問わないとする。なお，個々の行為がいじめに当たるか否かの判断を表面的・形式的に行うことなく，いじめられた児童生徒の立場に立って行うこと。

■2006(平成18)年度調査から
　個々の行為が「いじめ」に当たるか否かの判断は，表面的・形式的に行うことなく，いじめられた児童生徒の立場に立って行うものとする。「いじめ」とは，当該児童生徒が，一定の人間関係のある者から，心理的・物理的な攻撃を受けたことにより，精神的な苦痛を感じているものとする。なお，起こった場所は学校の内外を問わない。

第4章　道徳教育学

■いじめ防止対策推進法［2013（平成25）年9月施行］
　児童生徒に対して，当該児童生徒が在籍する学校に在籍している等当該児童生徒と一定の人的関係のある他の児童生徒が行う心理的又は<u>物理的な影響</u>を与える行為（インターネットを通じて行われるものも含む。）であって，当該行為の対象となった児童生徒が<u>心身の苦痛</u>を感じているものとする。なお，起こった場所は学校の内外を問わない。

　この「いじめの定義」の変化が，いじめの認知（発生）件数を引き上げることになる。いじめの認知（発生）件数が上がるということは，いじめをなくすことに反することのように思われるが，まったく真逆である。大事なのは，どんな小さないじめをも見逃さないということである。その最も優れた「いじめの定義」が，2013（平成25）年9月に施行された「いじめ防止対策推進法」である。それまでのどの定義よりもいじめの認知（発生）件数を上げることができる定義なのである。いじめの認知（発生）件数を上げるには，いじめを認知しやすいようなハードルにしなければならないということである。ハードルを下げることが不可欠である。いじめの定義の変化の変遷は，いじめを認知しやすいようなハードルへの変遷だったのである。
　いじめを認知しやすい定義によって，いじめによって苦しむ児童生徒を救済することが可能になる。いじめを認知しやすくなった今こそ，大人が，教師が，学校がいじめの解決やいじめの未然防止のために，いじめ防止対策推進法に基づいて，積極的な指導を推進するときである。

(2) いじめの三層構造といじめの分類・態様・発見のきっかけ・相談の状況
　①いじめの三層構造
　いじめの三層構造は，次のとおりである。

- 「いじめる者」（加害者）
- 「いじめを助長する者」（観衆）
- 「いじめに無関心な者」（傍観者）

「いじめる者」（加害者）がいじめの張本人であることはいうまでもないが，「いじめを助長する者」（観衆）や「いじめに無関心な者」（傍観者）もいじ

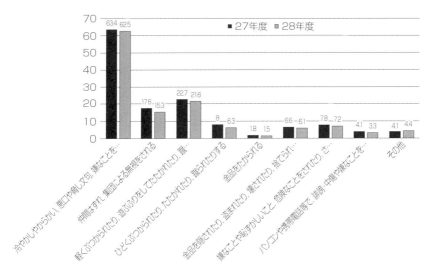

図7 いじめの態様の推移（国公私立）

める側に立つ存在である。

②いじめの分類

いじめのタイプは色々であるが，次のタイプが一般的である。

- 単独型いじめ：特定の子が特定の子からいじめられる
- 仲良しグループ内いじめ
- 強制加入によるグループ内いじめ
- 学級内集団いじめ（部活動内等のいじめも含む）

③いじめの態様

文部科学省は，いじめの態様の推移（国公私立）を図7のように示している。[4]

いじめの態様のビッグ3は，「冷やかしやからかい，悪口や脅し文句，嫌がらせ」（平成28年度，62.5％），「軽くぶつかられたり，遊ぶふりをしてたたかれたり，蹴られたりすること」（平成28年度，21.6％），「仲間外れ，集団による無視」（平成28年度，15.3％）である。

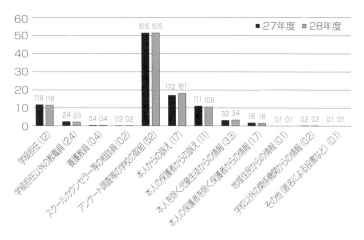

図8　いじめの発見のきっかけの推移（国公私立）

④いじめの発見のきっかけ

文部科学省は，いじめの発見のきっかけの推移（国公私立）を図8のように示している。
(5)

いじめの発見のきっかけのビッグ4は，「アンケート調査等の学校の取組」（平成28年度，51.5％），「本人からの訴え」（平成28年度，18.1％），「学級担任」（平成28年度，11.5％），「本人の保護者からの訴え」（平成28年度，10.5％）である。「本人を除く児童生徒からの情報」は3.4％（平成28年度）にすぎない。傍観者が多いことを意味している。

⑤いじめられた児童生徒の相談の状況

文部科学省は，いじめられた児童生徒の相談の状況の推移（国公私立）を図9のように示している。
(6)

いじめられた児童生徒の相談の状況のビッグ2は，「学級担任に相談」（平成28年度，77.7％），「保護者や家族等に相談」（平成28年度，23.9％）である。「友人に相談」は7.2％（平成28年度）にすぎない。傍観者が多いことを意味している。

傍観者を仲裁者に変える教育の営みが求められる。

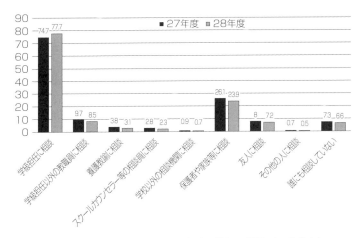

図9 いじめられた児童生徒の相談の状況の推移（国公私立）

(3) 岩手県矢巾町立A中学校の「いじめ・自殺事件」[7]——教員及び学校の対応の問題点

①概要

　岩手県矢巾町立中学校2年の男子生徒が2015年7月5日に自殺した。その背景にいじめがあった。また学校側の不適切な対応も指摘された。

②同事件の経過

　岩手県矢巾町立A中学校2年の男子生徒は2015年7月5日，東北本線矢巾駅のホームで，列車に飛び込み自殺した。自殺した生徒は，1年の時からいじめを受け，1年だった2015年5月頃から，担任教諭に提出する「生活記録ノート」に，いじめの具体的な内容を訴えていた。しかし1年次の担任教諭，2年次の担任教諭ともに，いじめを訴える生徒の記述を読み赤ペンで返事を書きながら，返事の内容はまったくかみ合わないものだった。

③「いじめ」への対応の問題点

　当該生徒は，担任と交わした生活記録ノートに，自殺をほのめかす記述を3か月にわたって残していた。にもかかわらず，教員は，生徒のSOSをすくい上げることができなかった。ノートの内容を校内で共有できなかった。生徒に寄り添いきれていなかったのである。

具体的には，周囲の生徒からいじめの実態に関する情報を幅広く収集し，事実確認をするなどの必要な対応が欠落していること，他の教員との連携が欠落していること，組織的に生徒指導を展開するための学校力が欠落していること，「最優先で命を守る」との認識，感性が欠落していること，いじめに対応するための具体的な知識・技能を習得し，それを行動に結びつけることが欠落していることなどが挙げられる。

【問題になった学級担任の生活記録ノートへのコメント】
○村松君：「ボクがいつ消えるかはわかりません。ですが，先生からたくさん希望をもらいました。感謝しています。もうすこしがんばってみます。ただ，もう市（死）ぬ場所はきまってるんですけどね。まあいいか。」
○学級担任：「明日からの研修たのしみましょうね。」

【第三者調査報告書】
　給食準備時間に学級全員のノートを読み，コメントを書き始めた。その中で村松君のノートを読み，おかしいと思い，話を聞かなければと思ってコメントを後回しにした。全員分のノートは読み切れないまま給食が始まった。給食を食べ終わってから聞くつもりで，給食中も教卓の前の村松君のことは観察していた。様子は普段と変わりなかった。給食後「どうしたの？」とノートについて問いかけると，「大丈夫です」と答えた。その後，村松君が「バスの座席はどうなっているんですか？」と聞いてきたことに答えるなど，宿泊研の話題になった。村松君がこの文を書いた時の気持ちを払拭して，少しでも明るい方向性にもっていき，明日からの宿泊研修が村松君にとっても楽しめるものであるようにという思いでこう書いた。給食前に読み切れなかった生徒分のほとんどに同様のコメントを書いた。

3　体罰問題及びいじめ問題の克服

　エラスムスは，教師たる者の存在を，「文学的教養や上品さを備えた人間」

「学識深く有徳で思慮深い人間」「知的・道徳的に陶冶された人間」に求めた[8]。ルソーは，教師の資格について，「教師は生徒にふさわしく教育されていなければならない」ことを主張した[9]。カントは，「自己自身を改善すること，自己自身を教化すること，そしてみずからが〔道徳的に〕悪である場合には自己自身で道徳性を身に付けるようにするということ，これらが人間の行うべき義務」であることを指摘した[10]。

このようにエラスムス，ルソー，カントの主張する人間観，教育観，子ども観，教師観によって，学校教師が児童生徒の指導に当たるならば，教育に相応しい教育が行われ，教師に相応しい教師が機能することになる。そのような教育や教師は体罰を必要としない。そのような教育や教師は児童生徒をいじめから守ることができる。

越智貢は，「モラルにかなう行為を個人的な能力や資質に関わることと見なしがち」であることを指摘したうえで，「モラルを身につけている人でも，彼が置かれた状況に応じて，そうしえないことがある」ことを指摘した[11]。この指摘から，教師の置かれている立ち位置や，教師を取り巻く生徒や保護者の立ち位置による体罰発生及びいじめ発生のメカニズムが見えてくる。

越智は学校を「「時限的」な理想社会」と捉え，そのためには，校内の「安全」が図られ，そのうえで生徒たちの「自由」が保障されていなければならないことを指摘している。そして，「教育困難校であればあるほど，これら二つが希薄になることに注意する必要がある」ことを指摘した[12]。

体罰やいじめは，教師が生徒の「安全」と「自由」を奪う最たるものである。体罰死事件やいじめ自殺事件はその最悪のケースといえる。

越智は「倫理学の見直しと学校のモラル」の中で[13]，「倫理学は次のような課題に答えなければならない」とし，その一つに「モラルを堅持するためには，どの程度の自律性が必要とされるか」を挙げている。

このことにかかわって，越智は法とモラルについて触れ，「法とモラルとは相即の関係にある」ことを次のように述べている[14]。

> モラルに抵触する法は法的機能を維持することができない。法は，それを守ろうとするモラルがなければ，お題目とほとんど異ならないからである。たとえ厳しい法的罰則があっても，それだけで法秩序を生むことは難しい。そして，法秩序が保たれていて初めて，モラルの発動が促

されることも間違いない。

　このことを体罰問題やいじめ問題に当てはめてみると，学校教育法第11条但書（体罰の禁止）やいじめ防止対策推進法は，これを守ろうとするモラルがなければ，お題目にすぎないことになりはしないか。たとえ厳しい法的罰則や行政処分があったとしても，これだけで学校教育法第11条但書（体罰の禁止）やいじめ防止対策推進法の法秩序を維持することは難しいといわざるを得ない。なぜなら，学校教育法第11条やいじめ防止対策推進法という立派な法がありながら，法令違反の実態が今日なお後を絶たないからである。

　学校教育法第11条但書（体罰の禁止）やいじめ防止対策推進法を厳守するモラルとは，いったい何であろうか。自らを律する心であり，モラルを堅持できる程のレベルの高い自律性と捉えたい。そのようなレベルの高い自律性は，じっとしていて自然に生じるものではない。自律性は努力して獲得し，身につけるべきものである。その重要な方途の一つが，エラスムス，ルソー，カントの教育論に見られるような確かな教育観，人間観，子ども観の獲得である。

　非体罰や非いじめの教育を推進するには，教育の倫理的態度（教育のもつ暴力性を意識しようとする態度，教育行為の多面性に鋭敏であろうとする態度）が追求されなければならない。　　　　　　　　　　　　（竹田　敏彦）

〈注〉
(1) 　文部科学省「体罰の禁止及び児童生徒理解に基づく指導の徹底について」（2013年3月13日）の通知。
(2) 　文部科学省「児童生徒の問題行動等生徒指導上の諸問題に関する調査」（確定値）（2018年2月23日）の結果。
(3) 　文部科学省「児童生徒の問題行動等生徒指導上の諸問題に関する調査における定義」http://www.mext.go.jp/component/a_menu/education/detail/__icsFiles/afieldfile/2018/08/20/1400030_003.pdf（2018年9月3日確認）
(4) 　文部科学省「児童生徒の問題行動等生徒指導上の諸問題に関する調査」（確定値）（2018年2月23日）の結果。
(5) 　同上。
(6) 　同上。
(7) 　増田修治（2017）『「いじめ・自殺事件」の深層を考える』本の泉社。

（8） 竹田敏彦編著（2016）『なぜ学校での体罰はなくならないのか』ミネルヴァ書房，p.62.
（9） ルソー（1962）『エミール 上』今野一雄訳，岩波書店，p.59.
（10） カント（2001）『カント全集17 論理学・教育学』湯浅正彦・井上義彦・加藤泰史訳，岩波書店，p.225.
（11） 越智貢（2007）「倫理学の見直しと学校のモラル」上廣倫理財団編『倫理的叡智を求めて』東洋館出版社，p.24.
（12） 同書，pp.26-27.
（13） 同書，p.29.
（14） 越智貢（2008）「モラルの教育」越智貢ほか『教育と倫理』ナカニシヤ出版，p.13.

第5章
日本の風土から道徳へのアプローチ

1 はじめに

　その国や地域の風土が，その国民や住民の精神性や道徳のあり方に重大な影響を与えることは，否定できないのではないか。かつて和辻哲郎は『風土―人間学的考察』において，風土を単なる自然環境ではなく人間の精神構造の中に刻みこまれた自己了解の仕方と捉え，アジアからヨーロッパに至る地域をモンスーン地帯・砂漠地帯・牧場地帯の三つに類型化し，世界各地域の民族・文化・社会の特質を描き分けた。[1]道徳の諸相もそこに生きてきた人々の精神構造と密接にかかわりうるものであるが，それならば日本人の道徳を論じるにあたっては，日本の風土という視点が有効な手掛かりを与えてくれるものと考えられる。とりわけ，風土が人々の自己了解の仕方にまでかかわるのであれば，自己理解（および他者理解・人間理解・自然理解も）といった内容を含む道徳教育は，日本の風土のあり方に大きく影響されまた培われるものと想定されるのである。となると，道徳の問題を考えるにあたって，風土というものは非常に有益かつ魅力的な視点となってくる。そこでこの章では，風土という切り口から道徳の問題を考察する方法論について考えてゆきたい。

　風土と一口にいってもその範囲は極めて広い。ある事典によると，「人間の精神・生活様式として具現されている自然環境である。環境は主体とそれを取り巻く外囲とからなり，人間と環境の対応関係として分析されるが，風土は人間を含む全一体的な世界として統合された概念である」と定義されて

いる⁽²⁾。このように広範な内容を含む風土であるが、この章では自然災害に着目したいと考える。その理由は、風土において自然環境と人間とがとりわけ密接にかかわりあう接点が、自然災害ではないかと考えられるからである。加えて、学校安全の一環として文部科学省だけでなく国土交通省なども防災教育について活動を開始するなど、近年その注目度が高まりつつある分野だからである[3]。

以下において、まず日本人がどのような自然条件にさらされて生きねばならないのか、日本の国土の特性について見ていく。そこから出発し、そうした風土の下での人々の思考や行動に迫る方法論について迫ってゆきたい。なお、和辻は日本人の"台風的性格"について論じたりしているが、本章では日本の風土から日本人固有の道徳特性やその内容を特定したり導出したりはしない。あくまでも風土と道徳との関係に焦点をあて、その関係を考える方法について、道徳教育や道徳科を念頭におきながら稿を進めるものである。

2 日本の風土の特質

まず日本の風土の特質を捉えたい。日本の風土的特質を自然災害の発生度合や被害の受けやすさや脆弱性といった視点から見るなら、次の10点に集約することができるようだ[4]。①全国的な大地震の可能性、②厳しい豪雨特性、③細長い国と形状、④主要部が四島に分割、⑤国土を縦貫する脊梁山脈、⑥山岳が崩落しやすい風化岩で構成、⑦全体として少なく細かく細分された平野、⑧都市地盤がほとんど軟弱地盤、⑨台風の常襲と強風の可能性、⑩国土面積の六割が積雪寒冷地であるため高い豪雪の可能性。ここでは、地震や火山活動に関連にする地理的な特質と、台風や豪雨に見舞われるという気象上の特質を取り上げてみよう。

(1) プレートが交差する国

日本の国土面積が占める比率は世界の0.25%にすぎない。それにもかかわらず、M6以上の地震の約20%が日本列島周辺で発生する。その理由は、日本列島が太平洋プレート、フィリピン海プレート、北米プレート、ユーラシアプレートの四つのプレート境界が交差・衝突する地域に位置しているためである。図1は建築物や橋梁等の構造物の設計や建築にあたり、地震を

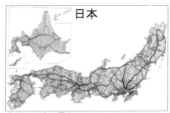

図1　建築にあたり地震力を考慮する必要がある地域

設計外力として用いなければ建築を進めることが許可されない地域（＝地震力を考慮する必要がある地域）を色づけしたものだが，米国等の三国に比べ日本は全土にわたって色がつくことがわかる。[5]

　過去を振り返ってみても1703年の元禄地震から2011年の東日本大地震まで，過去約300年の間に1万人以上の死者・行方不明者を出した地震は9回発生した。これは大きな地震災害が約40年に1度の頻度でやってくる計算になる。

　また，プレートが沈み込むところからマグマが形成されるため，プレート境界に沿って火山が分布することになる。実際，日本の狭い国土に世界の活火山の約7％が存在することからも，日本は世界有数の火山大国にもなっている（図2）。活火山とは，概ね過去1万年以内に噴火した火山及び現在活発な噴気活動のある火山のことを指すが，2017年6月現在，日本の活火山の数は111を数える。[6] 気象庁の火山噴火予知連絡会は，この中の50山（2014年11月現在）を「火山防災のために監視・観測体制の充実等が必要な火山」に選定し，気象庁はそれら50山について，24時間体制でその活動の観測・監視を続けている。

第5章　日本の風土から道徳へのアプローチ　　77

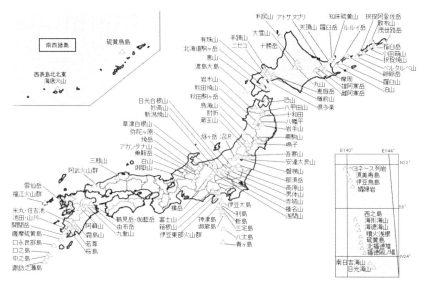

図2 わが国の活火山の分布

(2) 台風の通り道にある国

　一方、日本は厳しい気象条件にも見舞われやすい。たとえば台風であるが、日本上空を強い偏西風が常時吹いているため、太平洋の赤道付近で発生した台風はフィリピン東海上を北上して台湾付近に到達すると進路を北東に変え、日本列島に沿うような形で通過して行く。表1は気象庁の資料より作成したものだが、1年間に平均23.75個の台風が発生し、そのうち半数近い10.92個が日本に接近し、2.75個が上陸していることがわかる[7]。日本は台風の通り道に位置しているとみなしてよい。

　台風は多量の雨をもたらすが、世界でも多雨地帯であるモンスーンアジアの東端に位置する日本も雨が多い国である。世界の年平均降水量が1065ミリであるが、日本はその約1.6倍である1668ミリの年間平均降水量を計測する[8]。しかも、日本の降水量は季節ごとの変動が激しく、梅雨期と台風期に集中するという特徴をみせる。たとえば東京の月別平均降水量は、最多雨月である9月が209.9ミリで最少雨月の12月が51.0ミリであるが、その差には約4倍もの開きがある[9]。これは水資源の安定確保が難しいだけでなく、短期間の集中的な降水による災害リスクを伴うことにつながる。

　さらに日本の地形がこの災害リスクをより大きなものにする。日本はその

細長い国土を1000〜3000メートル級の山脈が縦貫し，さらに日本海側と太平洋側とに細く二分されている。こうした地形によって，日本の河川は短いだけでなく急勾配で急流となり，また人が多く住む下流域の平野部で河川の水位よりも低い地域を多く生み出す結果となっている。加えて，日本の面積の約70%を占める山岳地帯には氷河期を経てもなお風化岩がとどまっており，これが崩落すれば土砂流や土石流となって麓の集落等を襲う点も指摘されている。⁽¹⁰⁾

以上，簡単に日本の風土の特質を地震や台風を例に参照した。自然災害を被る可能性などの高さにおいて，日本は他国よりも際立った存在であることが察せられる。

表1　2006〜2017年（12年間）の台風

年	発生数	接近数	上陸数
2017	27	8	4
2016	26	11	6
2015	27	14	4
2014	23	12	4
2013	31	14	2
2012	25	17	2
2011	21	9	3
2010	14	7	2
2009	22	8	1
2008	22	9	0
2007	24	12	3
2006	23	10	2
年平均	23.75	10.92	2.75

接近：台風の中心がそれぞれの地域のいずれかの気象官署から300km以内に入った場合
上陸：台風の中心が北海道，本州，四国，九州の海岸線に達した場合

3　風土を考察する歴史の眼

日本が土砂災害に見舞われやすい理由は，風化岩が氷河に引きずられて海へ滑り出さなかったことに一因がある。このように風土の特質を考察するには，その過去や歴史と向き合わないわけにはいかない。この「歴史」という言葉をキーワードに，風土の特質をにらみながらその地の道徳の探究に迫る方法論を考えてみよう。

(1) 歴史分析による手法の概要

地震が発生するメカニズムについては物理的な説明で十分であろう。しかし，被災した人々がとった思考や行動を考察し，そこから道徳が関係する議論等につなげていくには，そうした思考や行動に至った経緯を検討する必要がある。なぜなら，その状況で突然そうした思考や行動を取ったわけではな

く，そこには特定の思考や行動を取るに至った過去の経緯があるからである。ゆえにそうした経緯をしっかりと押さえることが，その地の道徳の内容や機能について考える作業をより深化させると思われる。

　過去の経緯とは，端的にいうと「歴史」ということになる。すなわち，自然災害が多発しやすい風土の下で，日本の人々がこれまでどのような生活を営んできたのかを問うことである。それは災害関連の事項だけでなく，風土の形成に影響を与える伝統・文化・政治・社会・経済・宗教，その他の幾多の事項について，その歴史を詳しく分析することを意味する。たとえば東日本大震災の折，被災した人々がきちんと列を作って秩序正しく支援物資を受領していたことが海外でも話題になったが，そうした行動を取らせた道徳性や価値観を知るためには，「災害」だけでなく上記の「歴史」という視点も必要であろう。

　ただし，方法論という観点からすれば，いたずらに調査の手を広げればよいわけではなく，そこから導き出される道徳の特徴は，後に議論の俎上に載せやすいように，なるべくいくつかの原則やモデルのような形態にまとめられているとよい。最終的にはシンプルな形になって，検討のために操作しやすいようになることが望ましい。

　そのように深くかつシンプルな形にまとめ上げるうえで効果的な手法の一つは，類似のケースとの比較検討である。たとえば，同じ豪雪災害のケースにおける人々の行動や思考を複数地域間で比較したり，あるいは同じ地域内で発生した高潮災害と土砂災害とで，それぞれの場合における人々の行動や思考を比較したりするなど，共通する枠組設定の中での比較作業は焦点を絞るうえでも深めるうえでも有効である。とりわけ複数ケース間に共通する要素が認められる場合（たとえば弘法大師信仰が強いとか地縁関係が密接とか）は，そうした共通要素は道徳のあり方について考え追究していく上で有益なツールになる。そしてそのツールは，取り上げたケースについてだけでなく，他の災害事例における人々の思考や行動を分析するためにも活用でき，またそれによってツールの有効度がテストされるのである。そのようにすれば最終的に，風土（自然災害）と道徳に関する考察を，一般原則や理論といった汎用性のあるものへと結実する途も開かれていくのではないだろうか。

　しかも，学校の授業において上記のすべてのプロセスを行うことは，教育課程上の制約や児童生徒の発達段階との関係もあって難しいかもしれないが，

表2 歴史分析を重視する方法論の4段階

	探究のあり方	発達の段階
段階1	初期（一次）資料を用いた学習	低
段階2	過去の事例の探究	↓
段階3	比較による検討 (1) 比較による共通点の特定 (2) 相違点の批判的検討	↓ ↓ ↓
段階4	哲学的言説への結実	高

授業内で比較検討まで行わなくても，人々の思考や行動の歴史的背景を調べたり考えたりすることは，学習者に能動的な学習体験を得させることにもつながると考えられる。

(2) 段階別の学習

以上の方法論の概要をさらに詳しく見てみよう。この歴史分析を重視する方法論は，概ね表2に示す四つの段階に分けることができる。またこの段階分けは，その難易度や到達点の違いから，大枠ではあるが学習者の発達の段階にも対応しうると考えられる。

①初期（一次）資料を用いた学習

日本の各地にその地の歴史を伝える記念碑や古文書などが多く残されている。その地で何があり人々は何を想いどう行動したか，後世からではなくなるべくその当時に作成された記録（一次資料）をまずは参照したい。

たとえば，図3の写真は東京都江戸川区の善養寺不動門前に寛政7(1795)年に建立された，天明3(1783)年の浅間山噴火横死者供養碑である。噴火の犠牲となった人や動物の遺体が江戸川を流れてこの付近にたくさん漂着し，地元の下小岩村の人々は遺体を収容するとこの境内に手厚く葬った。その十三回忌の石碑であり，現在でも線香が絶えない。同様に，"寅さん"で有名な葛飾区柴又の題経寺（柴又帝釈天）には浅間山噴火川流溺死者供養碑が残されており，利根川上流の吾妻川に山津波と降灰でできたダムが決壊して発生した大洪水という，噴火の二次被害による被害者約2000人の菩提を弔っている。

各地に残るこうした一次資料をまず大切にし，丹念に記録をたどってみたい。たとえば帝釈天の石碑では被災して落命した人間だけでなく，家畜や魚

図3　浅間山噴火横死者供養碑

までその霊を慰める対象としている。このようにローカルに残されている一次資料には，当該地域の人々の心情や価値観といった，道徳の姿を考えるうえで糸口となる資料が少なくない。

②過去の事例の探究

歴史分析を意識するなら，第1段階よりもう少し議論の立つ方法が考慮されるべきである。そうした議論を始めるためには，発生した災害に対してなぜその住民は被災したのか，あるいは被害を免れたのか，結果に対する原因や理由に意識的になるとよい。

たとえば，道徳授業の読み物資料としてよく知られている『稲むらの火』は，小泉八雲の『生ける神（A Living God）』を下敷に和歌山県小学校教員であった中井常蔵が創作した話で，昭和12年の国語の教科書に初めて登場した。これがもし上記の第1段階で止まるなら，主人公の五兵衛が被災時にとった英雄的・献身的行為のみに，焦点が当てられて終わってしまう。しかしこの第2段階では，五兵衛のモデルであった濱口梧陵（儀兵衛）が実際に取った行動や思考とともに，それらが可能となった原因・理由や高い評価を受けた事情を史実に基づいて捉えることで，津波に脆弱な国土に生きる人々の姿や道徳に関連する事項を深く考察する途を開けるのである。

また，こうした原因や理由の特定には，さまざまな分野にまたがった幅の広い調査・分析が求められる。その地域社会の構造やあり方，文化的特質，伝統，宗教，政治的状況，流布していた人間観や価値観，道徳的信条や倫理観など，関連する諸要因を複合的に考えていく思考が必要になってくる。このとき，複数の学習者で協働しながらそうした原因・理由を追究してゆければ，学習者の思考を促し深める機会を作ることにもつながる。

③比較による検討

第3段階として，以上のような作業を複数の事例について行い，それらを

互いに比較することで，よりいっそうの思考の深化や議論の発展を期すことも考えられる。各事例について，どうしてそのような結果が招来されたのか，第2段階ですでにさまざまな視点から要因が特定され，原因・理由についての考察が加えられている。そうした準備を踏まえて，比較分析へと向かう。また，この比較を用いた検討は新学習指導要領でも推奨される「問題解決型」の学習にもなじみやすい。

この比較を用いた検討は，学習者のレベルに応じてさらに二つの段階に分けることができよう。

(1) 比較による共通点の特定

比較の作業を通じて，複数の事例間の類似点・共通点と相違点について考えることができる。ここではまず類似点や共通点として捉えられる要因や事項に着目したい。たとえば，豪雨災害によって似たような被害や損害が発生した事例を複数集め，それぞれの事例についてなぜ人々はある思考や行動を取ったのか，その原因や理由を歴史的な文脈で探究する。そのうえで，共通する原因として考えられる要因を特定し，それを用いて改めて各事例をどこまで説明できるのかを検証する。

こうした共通要因の特定は，風土とそこに生きた人々の特質を考察するうえで重要な手がかりを得ることとなり，そこから道徳の内容の推論へと思考を展開することも可能になる。さらにそこから，日本人の道徳性や価値観や日本人の強さ・弱さや限界などへの考察へと展開することもできるので，それによって私たち自身についての自己認識や自己理解を深めることへもつなげられるのである。

(2) 相違点の批判的検討

上記のような類似点や共通点を対象にした議論よりも，相違点にまつわる議論のほうが思考を凝らす必要がある。なぜなら，たとえば迫りつつある津波に対し無事に避難することができた集落や集団の事例を複数用い，その避難手段を比較して共通要因を導き出したとしても，そのように作られた共通要因はいわばマックス・ウェーバーの「理念型（Ideal type）」に近いものであるため，他の津波災害事例にもそのまま適応できるわけではない。加えて，他の事例から得られる教訓を別の事例に当てはめれば問題や課題は解決するといった態度では，学習者の思考の深化も見込めない。

少し長くなるが実際的な例で考えてみよう。平成23（2011）年3月11日

午後2時46分に発生した東北地方太平洋沖地震に端を発するいわゆる東日本大震災については，まだ多くの人々の記憶に新しいであろう。気象庁が発表した地震の規模はマグニチュード9.0で，震源域は岩手県沖から茨城県沖の長さ約500キロ，幅約200キロの広範囲におよび，本震以降も活発な余震活動が計測された。(11) また，地震発生後に押し寄せた津波が震災被害をさらに大きなものにした。

　その被害について，警察庁が震災から約7年後の状況として取りまとめた資料によると，人的被害は死者・行方不明者合わせて1万8434人，負傷者6156人，建物の被害は全壊が12万1776戸，半壊が2万8923戸，一部破損が72万6574戸，道路損壊が4198か所，橋梁被害が116か所，堤防決壊が45か所，鉄軌道被害が29か所など甚大なものとなっている。(12) 復興への努力は各地で現在でも継続しており，事故を起こした東京電力福島第一原子力発電所では，放射線と闘いながらの困難な廃炉作業が続いている。

　一方，防災科学技術研究所が公表した2018年版の『全国地震動予測地図』(図4)によると，日本列島で今後30年間に震度6弱以上の揺れに見舞われる確率がゼロである地域は，皆無となっている。(13) 中でも，確率が最高レベルの「26〜100%」とされているのが北海道東部，関東，東海から紀伊半島，四国にかけてであり，釧路・根室地方の地震と共に首都直下型地震や南海トラフ地震といった大型地震の発生が危惧されている。

　土木学会が2018年6月7日に公表した被害試算によると，首都直下型地震の被害は，死者23000人，資産被害47兆円，発生後のGDPの縮小は731兆円であり，さらに南海トラフ地震については，死者323000人，資産被害170兆円，発生後のGDPの縮小が1240兆円で，首都直下型地震とは文字通り桁違いの被害が予想されている。(14)

　この三つの大地震の事例について，実際に起こった東日本大震災の事例から捉えられる道徳性への理解を"借りて"，首都直下型地震や南海トラフ地震における問題について理解したり解決を与えようとしたりする態度では，思考や学びの深化は期待できないのではないか。同じ大地震とはいえ，時期も場所も規模も人も違えば，道徳の問題についても発生のあり方や捉え方が変わってくるはずである。よってこのレベルでの検討で求められるのは，共通するように見える要因を批判的に見直すことであり，そこから個々のケースに個性を与えている相違点に多くの注意を払うことと思われる。そこでも

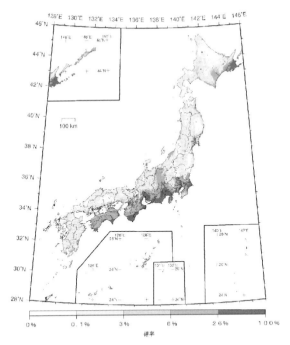

図4　2018年度版全国地震動予測図

しろ，各地域の過去を遡って各事例を特徴づけるユニークな相違点に着眼し，思考や議論を練っていくように努めたい。

④哲学的言説への結実

これまでの段階では，ある道徳的思考や行動の発露についてそこに至った原因や理由について様々な視点から検討を加え，そこから思考や理解のいっそうの深化をねらったり，あるいは問題解決型の学習へと向かうものであった。この最終段階では，そうやって練られた思考や理解を，ある種の哲学的な言説へと昇華させてゆきたい。

こうした意図をもつ理由は，もっぱら問題解決を念頭においた道徳に関する議論では，ある状況で取ることが望ましい行動や思考について，それらの特定や形成を行えば目的が達成されるかのような印象を持ってしまいやすいためである。しかしこれが学習者の人格に根ざして働くような自律した道徳の涵養にまで本当につながっているのかどうかは，しっかりとした確認が必

要である。

　先の例でいうと，東日本大震災のスケールも大きかったが，首都直下型地震や南海トラフ地震はそれを遥かに上回る規模である。このようにまだ未経験の事態に対し，過去の事例の分析から得られた理解や問題解決のつけ方で満足しているのでは，「主体的な判断に基づいて道徳的実践を行い，自立した人間として他者と共によりよく生きるための基盤となる道徳性を養う」という道徳科の目標がまだ達成できていない可能性がある。そうした不測の事態に対処できるようになるためにも，最終的には，問題解決の技術論よりも踏み込んだ，懐の深い哲学の探究を目指すべきではないだろうか。

4　方法論の注意点

　これまで述べた歴史的経緯を重視する方法論のポイントは，調査や分析が現象に向けられているのではなく，なぜそうした現象が表れたのか，その原因や理由を深く追究するところにあった。このポイントに関し，この方法論を扱ううえで注意すべき点がいくつかあるので，それらについても触れておきたい。

(1) 広範囲にわたる検討作業

　まず，規模の大きさに伴う調査・分析の煩雑さが挙げられる。その地域の様々な領域について，その歴史を丹念に調べていくことは，膨大な量のデータを扱うことを意味する。そこからある思考や行動の原因を推論によって導き出すことは容易ではない。学習者からそうした過度の困難さを取り除く指導上の配慮が求められる。

　一つの例として浅間山の噴火と被災した人々の事例を再び挙げてみよう。群馬県吾妻郡嬬恋村と長野県北佐久郡軽井沢町にまたがる浅間山は，標高約2500メートルの成層火山である。中央部には周囲をカルデラで囲まれた火口があり，北斜面には天明3（1783）年の噴火でできた"鬼押出し"と呼ばれる溶岩流出跡が今も残る。古くより活動の活発な火山として知られ，記録として見ることができる最古のものは日本書紀にある白鳳13（685）年の噴火と言われている。その後もたびたび噴火し被害をもたらしてきた。

　天明3年の噴火においては，吹き出した溶岩が火砕流となって山腹を駆け

図5　群馬県の郷土かるた「上州かるた」の"あ"の札

降り付近一帯の集落を飲み込んだだけでなく，吾妻川に流れ込んで水害を起こすなどの被害も発生させた。同時に吹き上げた火山灰は江戸や銚子にまで達するほどの量で，地域の家屋や田畑を覆い尽くして壊滅させただけでなく，関東一円の農産物の生育にも影響を与えて，当時既にその兆しのあった天明の大飢饉（東北地方で餓死者約10万人といわれる）の発生を決定づける役割をも果たした。また，堆積した火山灰は利根川本川に水害を発生させただけでなく，天明6（1786）年にも水害を起こしたのである。

　この噴火によって発生した火砕流によって，鎌原村（現在の嬬恋村）では一村152戸が飲み込まれ，477名（一説には483名）が死亡して壊滅状態となった。生き残った人々のその後を伝えている資料の一つに「浅間山噴火大和讃」（図6）がある。生存者が深い悲しみの中で助け合いながら，生活を取り戻そうとしている様子や犠牲者の供養の様子も描かれている。嬬恋村にある観音堂では，犠牲者の菩提を弔うため，鎌原観音堂奉仕会の人々によって現在でもこの和讃が唱和され続けているのである。

　この事例で，人々がなぜこうした心情，想い，行動をとるに至ったのか，その理由や原因を探ろうとすれば，その考察の範囲は極めて広範なものになるであろう。ただ，そうした歴史分析を行わなければ，道徳の授業はこうした資料から人々の心情を想像し合うだけの，表面的なものに終始する恐れがあり，そこからたとえば「考える道徳」や「議論する道徳」にはつなげにくいものとなる。

付録 浅間山噴火大和讃

帰命頂礼鎌原の
月の七日の念仏を
由来を委しく尋ぬれば
天明三年卯の年の
四月初日となりければ
日本に名高き浅間山
俄かに鳴動初まりて
七月二日は鳴り強く
夫れより日増しに鳴りひびき
砂石をとばす恐ろしさ
ついに巳の刻にて
天地も崩るるばかりにて
噴火と共に押し出し
吾妻川辺銚子まで
三十二ヶ村押通し
一家数は五百三十余
三ツ村の中で
一のあわれは鎌原よ
村人畜田畑家屋まで
人間一千二百余
十六百四十五頭となり
牛馬の数を数うれば
老若男女諸共に
四百七十七人が
十方億土へ誘われて
あやもわからぬ死出の旅
残りの人数九十三
悲しみさけぶあわれさよ
夫に別れ子に別れ
七日七夜のその間
観音堂にと集まりて
呑ずも食わずに泣きあかす
南無大悲の観世音
助け給えと一心に
念じ上げたる甲斐ありて
結ぶ縁もつき果てず

隣村有志の情けにて
妻なき人の妻となり
主なき人の主となり
細し煙を営みて
泣く泣く月日は送れども
夜毎夜毎の泣き声は
魂魄の上に止まりて
子供は親に迷いしか
親は子供に迷いしか
鳴の声の恐ろしさ
毎夜毎夜のことなれば
花のお江戸の御本山
東叡山に哀訴して
悲鳴の来迎願いける
数多の僧侶を従えて
皆諸共に合掌し
程なく聖も着き給い
一人残らず集まりて
施すもちはなかりけり
残りの人々集まりて
皆諸共に合掌し
六字の名号唱うれば
御経読誦を爪ぐりて
聖は数珠を爪ぐりて
念仏施我鬼の供養にて
魂魄無明の闇も晴れ
弥陀の浄土へ導かれ
運のうたなに招かれて
心のはちす開かれて
哀しみ泣き声止みその為に
今日七日の供養なり
末世に伝わる供養にて
慎み深く唱うべし
南無阿弥陀仏
南無阿弥陀仏

明治初年 滝沢対吉原作
　　　　鎌原司郎補正

図6 浅間山噴火大和讃

（2）不適切な"貸し借り"

　そうした事態を避けるためにも，類似のケースの比較分析を推奨するのであるが，ここにも注意すべき点がある。それは先にも少し触れたが，複数のケース間で安易な"貸し借り"は，厳に慎まれるべきという点である。

　問題解決という授業スタイルにおいては，学習者の関心はもっぱら問題や課題への具体的解決案を示すことに向きやすい。そのため，ある成功事例から得られた見識や解決策を，対象としている事例に当てはめて解決策としてしまう場合がある。しかしこれでは，意義のある学習活動を展開しているとはみなし得ない。なぜなら，ここまで見てきた方法論は，成功事例における思考や行動が何であったかという'結果'に着目するのではなく，その思考や行動に至った'原因'や理由について歴史を遡って解明することに眼目があった。複数事例間の比較分析においても，その原因や理由の比較が求められるのであって，それによってこそ深い考察や学びへとつなげられるのである。先述したように，東日本大震災時にうまく機能したと捉えうる道徳内容や価値観を参考に，類似のものを首都直下型地震や南海トラフ地震への解答として提案することは，思考のうえで安易な態度である。よって，比較と方

法の事例間の単純な"貸し借り"では学習の目的が達成されない旨を，学習者に指導しておくことが留意点となる。

5　まとめ

　この章では日本の風土に着目し，そこから道徳の問題へと結んでいく方法論について見てきた。そこではある道徳の姿の分析よりも，なぜそうした道徳を有するに至ったかの経緯について，歴史分析を行うことが提案された。
　風土に関して，この章では自然災害に着目したわけだが，それは私たちが自然災害の巣窟ともいえる国土を有しているからである。

> ゆく河の流れは絶えずして，しかももとの水にあらず。淀みに浮かぶうたかたは，かつ消えかつ結びて，久しくとどまりたるためしなし。世の中にある人とすみかと，またかくのごとし。

これは鴨長明の『方丈記』の書き出しである。無常観を表した優れた文芸作品として有名な本書だが，当時の災害に関する記述が豊富なことでも知られている。長明が「世の不思議」として書き残したそれらの災害には，安元の大火（1177年），治承の竜巻（1180年），養和の飢饉（1181年），元暦の大地震（1185年）があり，これらは長明自らが経験したものでもあった。こうした自らの災害体験があっての無常観・死生観であり，また書き出しの文章に結実したものと解される。
　こうした無常観・死生観が登場した一方，現代ではまた異なった形で自然災害に対処する心得が説かれる。たとえば東日本大震災において，宮城県石巻市立大川小学校では地震による津波によって74名の児童と10名の教職員が犠牲となった。その亡くなった児童23名の遺族が起こした訴訟において，仙台高等裁判所は学校の校長らや市教委の組織的な過失を認める判決を出した。市や県は，県の防災会議の報告書で大川小が津波浸水域外であったり，あるいは津波ハザードマップで大川小が避難場所に指定されていたことなどを踏まえ，津波が大川小に押し寄せることを予見することは不可能であったと主張した。しかし判決はこれを否定し，校長らには独自の立場から情報収集分析義務があったとして，市教委と学校の組織的過失を認めたのである。

ポイントとなるのは，学校の管理職や設置管理者は児童の生命・身体の安全を確保すべき重大な職責を負っているとし，その職責を果たすため想定できる事態や危険に備えて，事前に具体的な調査・検討を尽くしておく義務を指摘した点にある。

　その風土的条件により，日本は自然災害を多く被ってきたし，これからもなくならない。しかし，長明の時代と現代とでは，同じ自然災害であるのに見方がかなり異なる場合も出てきているようである。長明からは，天災に見舞われる運命を受け入れるかのような静かな諦めにも似た感覚が感じられるが，仙台高裁の判断からは，日頃からの自発的・能動的な行動によって積極的に被害を回避すべきという意思が感じられる。これらは単に善し悪しや優劣の問題ではなく，そういった思考や行動を良しとするに至った経緯の問題である。学習者には，歴史を振り返り，その原因や理由を尋ねることを通じて，道徳性の問題を深く捉えて養う切り口としてもらいたい。

（角谷　昌則）

〈注〉
(1) 和辻哲郎（1979）『風土—人間学的考察』岩波書店。
(2) 『日本大百科全書』（小学館，1994年），第20巻「風土」の項より。
(3) 国土交通省は平成30年3月8日に「防災教育ポータル」を開設し，教材や資料の発信などを開始した。http://www.mlit.go.jp/river/bousai/education/index.html
(4) 大石久和・藤井聡（2016）『国民国家の現象学　国土学』北樹出版，pp.52-68.
(5) 同書，p.54.
(6) 気象庁ホームページより引用。https://www.data.jma.go.jp/svd/vois/data/tokyo/STOCK/kaisetsu/katsukazan_toha/katsukazan_toha.html
(7) 気象庁ホームページ「台風の統計資料」より。https://www.data.jma.go.jp/fcd/yoho/typhoon/statistics/index.html
(8) 数値は『平成30年版　日本の水資源の現況について』（国土交通省　水管理・国土保全局　水資源部）の第1章の「参考資料」より。
(9) 数値は気象庁ホームページ「過去の気象データ検索」より。http://www.data.jma.go.jp/obd/stats/etrn/view/nml_sfc_ym.php?prec_no=44&block_no=47662
(10) 大石久和（2015）『国土が日本人の謎を解く』産経新聞出版，pp.70-71.
(11) 気象庁報道発表資料『平成23年（2011年）東北地方太平洋沖地震について（第15報）』（平成23年3月13日12時55分）より。http://www.jma.go.jp/jma/press/1103/13b/kaisetsu201103131255.pdf
(12) 警察庁緊急災害警備本部広報資料『平成23年（2011年）東北地方太平洋沖地

震の被害状況と警察措置』（平成30年3月9日）より。https：//www.npa.go.jp/news/other/earthquake2011/pdf/higaijokyo.pdf
（13）　防災科学技術研究所ホームページ「地震ハザードステーション」より抜粋。http：//www.j-shis.bosai.go.jp/shm
（14）　土木学会「平成29年度会長特別委員会　レジリエンス確保に関する技術検討委員会」，『「国難」をもたらす巨大災害対策についての技術検討報告書』（2018年6月），p.17より。
（15）　萩原進（1982）『天明三年浅間山噴火史』鎌原観音堂奉仕会，p.75．

第6章

問題解決の方法論と道徳科

1 はじめに

　平成27年3月の学校教育法施行規則改正に伴い，「道徳」は「特別の教科である道徳」となり，『学習指導要領』も一部改正を受けた。これによって，「考える道徳」，「議論する道徳」へと転換が図られ，道徳科の指導においては「教材から読み取れる価値観を一方的に教え込んだり，登場人物の心情理解に偏ったりした授業展開とならないようにするとともに，問題解決的な学習を積極的に導入することが求められる」とされたのである。そこで本章では，教育学の中から問題解決を柱とする学説を一つ取り上げ，また問題解決の方法論に関してはかなり先行しているともいえるビジネスの世界での方法論も参照し，問題解決の思考や手法についての理解を深め，道徳の授業におけるよりよい実践を考えていきたい。

　学校教育にとって，問題解決の方法論というのはまったく新規なものではない。たとえば本章に出てくる"ビジネスフレームワーク"と呼ばれる数多くのツールのうち，「KJ法」や「マインドマップ」が授業で用いられることは珍しくない。また「PDCA」などは学校経営や学級経営等においてもすでに馴染みのものとなっている。加えて，問題解決の方法論自体が上述の「考える」や「議論する」を内包するような活動を積極的に含むものであり，それゆえに価値観を教え込むとか心情理解といった方向に傾きやすいものではない。こうしたことから，問題解決の方法論はむしろ学校の授業に比較的高い親和性を持つものであり，実際に各教科で実践事例を目にする機会も増え

てきたように思える。

　しかし，ただ単に手軽で使い易いということで，問題解決のテクニックを授業に応用することは望ましくない。学説にしろビジネス界での手法にしろ，高度にまとめられてはいるがそこには固有の特色やクセがあり，とりわけ道徳科のような学習においては注意を要する点もある。そこで以下においてそうした学説等を参照し，問題解決の方法論についての理解を深めるとともに，道徳科での可能性について考えていきたい。なお，本章の中で先にも少し触れた"ビジネスフレームワーク"についていくつか言及するが，紙幅の都合からそれぞれのフレームワークの詳しい内容についてはビジネス系の専門書をあたってもらいたい。

2　問題解決型の授業

　まず教育学の学説の中からイギリスの比較教育学者であった，ブライアン・ホームズ（Brian Holmes）の「問題解決型アプローチ（Problem-solving approach）」を参照し，その方法論の特徴を押さえていくことから始めよう。[(2)]

(1) 問題解決型アプローチの概要と内容

　ホームズの関心は，教育政策研究の分野に科学的な手法を確立することであり，それによって政策実施後の結果の予測（prediction）を可能にし，政策担当者等に進むべき途を明らかにすることにあった。よってまずは問題（群）の特定を行い，それについて実際的な解決策の作成と提示を目指していった。つまり一連の流れとしては，何が問題かを捉えたあと，教育の一般原則やパターンや法則や理論などを用いて可能な解決案をいくつか演繹的に導出し，それらを対象となる問題に当てはめてテストし，それらの結果を予測し比較し評価していくのである。

　このような手法であるため，教育の事象について詳細に調べて説明し理解を深める，といったことが主たる目的ではない。分析に用いるデータも，過去に遡って大量に集めるようなことは（必要でない限り）行わず，関連するデータを必要に応じて収集する。そのようにして解決案を考案し，それらをテストすることで結果に関する精緻な予測を行い，そうやって目の前にある教育問題を解決することをねらうのである。そして最終的には，類似の様々

なケースに通用する解決策や，それに基づく理論の構築を目指していく。
そのデータについて，ホームズはこれを3種に分類する。

(A) 規範的パターン（normative patterns）
(B) 制度的パターン（institutional patterns）
(C) 物理的諸条件（physical factors）

(A) の規範的パターンとは，その国や地域の人々の心的な状態のことを指す。具体的には，人々の行動に影響を与える価値規範や規範意識や信条を内容とする。(B) の制度的パターンとは，政治，社会，経済，宗教等に関する法制度である。またそれらに関する社会学上の"法則"も含まれる。そして (C) の物理的条件とは，その土地の気候等の自然条件や天然資源などに関するもので，人知でコントロールすることができない諸条件を内容とする。

この三つの中で，道徳の問題に直接関わってくるのは，(A) の規範的パターンということになる。ホームズはこの (A) を重視した。その理由は，(B) の法制度に比べて人心は変え難く，それゆえにたとえ非常に優れた解決案といえども，(A) とそぐわない案は失敗の憂き目に遭いやすいと考えたためである。

(2) 問題解決の手順

それではこの問題解決型アプローチによる分析方法について具体的に見ていこう。いくつかのステージに分けていくとその構造が分かりやすいと思われる。

①問題の特定と分析
　まず何が問題かを設定するのであるが，その問題とはなるべく多くの場所や地域で共通して見られるものを設定する。

②解決案（仮説）の作成
　設定した問題に対し，解決案（仮説）をいくつか作成する。その際には，参考になりそうな先行事例があればそれらも集めて検討し，解決案

を練っていく。

③問題を取り巻く初期条件や文脈の特定と検討
　上記（A）～（C）に分けたカテゴリーに沿って，その問題の土台や背景となる初期条件や，問題が置かれている文脈を調べ上げる。調査は多岐に渡るが，その解決案に直接的に影響していると考えられるものだけを選んで調べる。具体的には，（A）～（C）のそれぞれについて，次のような作業をすることになる。
　（A）規範的パターン…対象である人々が抱いている価値観や心情や行動規範等について調査・考察する。政治的信条や経済・社会思想なども範疇に入る。方法としては，アンケート調査やその他の社会調査の手法を利用しての実証的な調査を行ったり，あるいは代表的な人物を決めてその人物の思想や著作に基づく哲学的な調査を行う。
　（B）制度的パターン…その問題を取り巻く，政治，社会，経済，宗教，その他に関する諸制度について，その組織立てや機能を明確にする。機能に関しては，法律等に定められているものだけでなく，統計データなどから見えてくる傾向や法則性なども参照する。
　（C）物理的諸条件…問題解決にあたり関係すると考えられる，気候その他の地域的特質，および資源の埋蔵や産出などといった条件について，その影響の度合を検討する。

④仮説の結果を予測
　上記の③の調査や考察を踏まえ，そうした条件下で②で作成した複数の解決案を実行した場合に，それぞれどのような結果が生じるかを論理的に見通す。

⑤結果の比較と解決策の提示
　④で試した解決案の結果を比較・評価し，その中から最も有効なものを判定して最終的な解決策として提示する。

この方法の特徴的な点は，問題を特定した後で，過去に遡ってその原因を調べ，そこから問題解決の糸口を探るような筋道はたどらないことにある。そうではなく，各解決案がどれくらい有効なのか，その予測を精緻に行うことにこの方法の眼目があり，問題を取り巻く諸々の初期条件を吟味して，その中で解決案をテストしていくことに注力するのである。

　また，この方法論を道徳科の視点から眺めるなら，問題解決型の授業展開との親和性を見ることができよう。たとえば，規範的パターンを他から区別して検討することから，道徳的判断力・心情・実践意欲と態度のような道徳性の要素を直接捉えることができるのではなかろうか。そうしながら，問題を取り巻く様々な条件を探って考えさせることで多面的・多角的な思考活動を促したり，また考案したいろいろな解決案をそこでテストし評価・判定していくので，考える道徳・議論する道徳といった活動へも導きやすいと考えられる。

　このように，イギリスの教育学の世界で登場して既に半世紀となる教育の方法論に，現代日本が目指す道徳教育の一つのモデルを見ることができるのは興味深い。

3　ビジネス界の問題解決思考法から

　一方，ビジネスの世界とは，日々変化するビジネス環境の中で，問題や課題を特定しそれを解決していくことが仕事ともいえる世界である。よって長年にわたって問題解決の思考や手法を開発してきた実績がある。そこで次に，ビジネスの世界での思考方法や手法について参照してみよう。

(1) 仮説思考

　ホームズの問題解決型アプローチに踏むべき段階的な手順があるように，ビジネスの世界でも問題解決には手順がある。たとえば「1週間で新商品の企画を出す」場合，①戦略フレームワークで的を絞り，②問題解決フレームワークで解決案の案出しをして，③意思決定フレームワークで出した案の絞り込みを行い，④マーケティングフレームワークで実行プランに落とし込む，といった手順が取られる[3]。これなどは，既成の枠にとらわれない「ゼロベース思考」と呼ばれる思考方法が求められる場合での，一つの具体例である[4]。

第6章　問題解決の方法論と道徳科　　97

あるいは問題解決という作業のほうに焦点を合わせるなら，①問題提起，②問題確認，③目標設定，④原因分析，⑤解決策立案，⑥解決策評価，といったプロセスなどもある。これは常にその時点での結論をもって行動を起こす，「仮説思考」と呼ばれる方法論に属する。この章のテーマに沿って，ここではこの「仮説思考」のプロセスに焦点を絞ることとしたい。

仮説思考については，「限られた時間，限られた情報しかなくとも，必ずその時点での結論を持ち，実行に移すということ」といった定義が与えられる。問題に対する解決案や実行プランの質よりも，時間的な制約の中でアクションを起こすことが優先されるのである。その理由は，目下の仕事が"問題解決"であることから理解される。すなわち，問題解決において最も重要なことは，問題を"解決すること"であるため，たとえ精密で練られた思考による画期的な結論が出せても，時間内に実行できないのでは「絵に描いた餅」になってしまうのである。

そのような事情もあって，仮説思考については，たとえば次の3点がポイントとして挙げられる。

①アクションに結び付く結論を常に持つ（結論の仮説）
②結論に導く背後の理由やメカニズムを考える（理由の仮説）
③「ベスト」を考えるよりも「ベター」を実行する（スピードを重視）

①アクションに結び付く結論を常に持つ
　思考の方向性として，とにかく具体的なアクションに結び付く結論を導くことが目指される。場合によっては，理由や原因を綺麗に提示したうえでの論理的な結論よりも，まずは何をするべきかという結論をとにかく早く出すことが要求される。こうした制約下では，まず問題解決にたずさわる全員が，「ゴール志向」を共有することが重要となる。そしてそのための時間管理が鍵となる。与えられた時間から各作業にどれだけの時間を割り当てるか管理し，想定外の時間が必要になったときには再調整を行う。特に問題解決の作業では，当初の予定通りに作業が進むことのほうが稀なので，時間的猶予を盛り込んだ時間管理を行うことも大切である。

とはいえ，あえて粗削りな結論を出して良いわけではない。制限時間内で少しでも精度の高い結論を出すためには，「何をすれば良いのか？（So what？）」を何度も繰り返すことなどが推奨される。たとえば，「体重が増えた」というのは単なる状況の描写だが，それについて出てくるアイデアに対し「では何をすれば良いのか？」を繰り返し問うことで，最終的に「スポーツジムに週3回通う」といった具体的な行動プランに到達することが見込めるということである。

②結論に導く背後の理由やメカニズムを考える
　まず考えるのは結論であって，その後でその問題が発生している理由や仕組みを整理する。このように，仮説思考のステップとしては時系列的には結論のほうが先にくるのだが，実際には結論を考えている最中にその問題の背景や構造にも思考を及ぼすのが通常で，またそうした理由や仕組みを掴まないとうまく結論も導けないものである。よって結論を練っている間に，同時進行で問題の背景や構造などについても理解を相当程度進めることが望ましい。
　問題の理由やメカニズムを考えるテクニックには，「なぜそうなのか？（Why so？）」を繰り返して問題の中身を掘り下げるやり方などがある。たとえば"トヨタ方式"は，「なぜ」を5回繰り返すことで有名である。これはまた，どういう枠組みで問題を考えるべきなのか，なぜそういう枠組みで捉えるのかといった，思考方法について考えることにも通じる。たとえば，なぜそういった事象（＝問題）が発生するのか，結果と原因との関係は因果の流れ（因果律）によって論理的に説明されようとする。そして，原因と結果との因果関係は，演繹法による論理必然的な思考の筋道が確認されることにもつながる。そのようにして問題の発生原因が特定できれば，問題の解決とは問題を発生させている因果関係を断ち切ることだとわかる。

③「ベスト」を考えるよりも「ベター」を実行する
　先述したように，実行できない解決案を出しても意味は無い。最良の解決案を目指すことは重要だが，時機を逸しては徒労となるだけで問題は解決されない。そうした事態を回避するためには，たとえベストな解決案ではなくてもベターな案が出せれば，それを実行に移してよしと考えるべきとなる。そもそも，仮説思考にもとづく解決案とは文字通り"仮説"であるため，情報の収集と分析に時間を尽くして作成したものであっても，それがベストで

ある保証はどこにもない。

　しかし、この"情報集め"の問題が、時間切れを招来する原因となることが多い[14]。時間や状況が変わり、問題を取り巻く環境も変化する中で、情報収集にはまり込むと実行はおろか、仮説を考えることにすら十分な時間が使えなくなる。こうした事態を回避するためにも、とにかくベターな解決案で実行に向かい、実際に実行・検証することによって、より精度の高い情報を効率よく入手するほうが得策である。そうすれば当初案の検証・修正を小まめに繰り返し、最終的により大きな成果を目指すことができる。

　この仮説の「検証」という作業は重要である。たとえ当初の仮説が論理性に欠けるようでも、こうした検証作業とセットになることで論理性を高め、仮説の精度を上げることができる。そしてそうした作業に用いるために、"ビジネスフレームワーク"と呼ばれる様々な思考ツールが開発されてきたのであった[15]。

（2）問題解決の手順とビジネスフレームワーク

　前節で仮説思考の特徴について参照したが、この節ではその思考が具体的に活かされる問題解決の手順について、そのビジネスフレームワークにも触れながら見ていこう。ビジネスフレームワークとは、経営戦略や環境やマーケティングなどにある問題を分析し、打つべき手などを提案するために用いる思考ツールのことを指す。正確な数は不明だが、おそらく数百はあると思われる。企業の世界では特に経営コンサルタントたちが使ってきたが、2000年頃からそのビジネスフレームワークが一般の注目をも集めるようになった。それに関する書籍やセミナーがちょっとしたブームになっており、現在では経営コンサルタントに限らず使われるものとなっている。

　さて、仮説思考に基づく問題解決手法は、大まかに次の三〜四つのステップで説明されることが多かった[16]。

- 三つの場合…(1)課題設定　(2)原因分析　(3)解決策立案
- 四つの場合…(1)問題設定　(2)問題箇所の特定　(3)原因分析　(4)解決策立案

しかし近年では、解決策を立てて終わりではなく、立てた解決策を検証・評

価するステップまで含める場合をよく目にするようになってきた：

- 三つの場合…(1)課題の設定 (2)解決策の仮説 (3)解決策の検証・評価
- 六つの場合…(1)問題提起 (2)問題確認 (3)目標設定 (4)原因分析 (5)解決策立案 (6)解決策評価

解決策の実行性を重視することから，仮説の検証や評価を問題解決のプロセスにしっかり位置づける考え方が広まってきたものと思われる。よってここでは，上に挙げた解決策の検証・評価のステップも含む場合のうち，より単純な三つのステップのタイプを基本にしつつ，より詳細な六つのステップの場合も適宜合わせながら見てゆこう。

①課題の設定（問題提起・確認，目標設定）

まず，まだ大雑把に問題と認識されている現象を解きほぐし，そこから解決すべき「課題」を特定することから始める。そこで問題とは何か，という問いが出てくるが，ビジネスの問題とは"困ったこと"ではなく，"ギャップ"のことである。たとえば売上目標と実際の売上高とのギャップや自社商品と他社の競合商品の優位点のギャップなどとして取り扱われたりする。要は理想と現実とのギャップのことと考えてよい。とするならば，課題とはギャップの原因を捉えることとも言い換えられる。

最初に，どこに解決すべき問題が隠れているのかといった課題のあり処を探る際には，経験値にもとづく「直観」に頼る場合が少なくない。しかし，問題の全体構造をつかんで課題を設定し，そこから論理的な思考の結果としての仮説を導くためには，フレームワークの使用が便利である。例えば〈As/is To/be〉というフレームワークは，そうしたギャップを明らかにする上で効果がある。あるいは，グループで自由なアイデア出し（ブレーン・ストーミング）を行い，それを〈ロジックツリー〉に整理して問題点を見つけ出すこともよく行われる。ブレーン・ストーミングに関しては，学校の授業や教職員の研修でも大きな模造紙の上にアイデアを記した付箋を貼るとか，あるいはマインド・マップを使うといった，類似の実践が珍しくない。

付箋にしろフレームワークにしろ，そこでは"MECE"（ミーシー）と呼ばれる分析思考が必要とされる。MECE（Mutually Exclusive, Collectively

Exhaustive)とは,「互いに重なりがなく,かつ網羅的でモレがない」ことで,その意味は対象となる現象についてその構成要素を漏れや重複無く列挙し,それによって全体像を明快にすることである⁽²³⁾。こうすると問題の全体像が過不足なく網羅的に整理されるので,その後の合理的な検討作業に供しやすくなるのである。

　合理的な検討作業とは,たとえば因果関係の整理と確認である。解決されるべき問題(=結果)について,どのような要素(=原因)がそこに関係しているのか,その要素の特定や並べ替え,因果のあり方(強弱)や考察すべき要素に漏れがないかといった点を検討する。そのようにして細部に注意しながら,時には俯瞰的な眼(たとえば経営的な視点)も交えつつ問題構造を鮮明にし,問題の背後関係へも考察を拡げながら課題の特定につなげていく。課題が特定されれば,さらにそこから「その問題が解決された状態とは？」,「その状態を測定する方法は？」,「測定値に対する目標値(例:"いつ"までに"〇〇パーセント"達成など)は？」の3点の考察を開始する[24]。

　このようにフレームワークは課題を特定するために便利なツールであるが,注意すべきは何を問題とし何を課題とするかは,結局は人間の判断に負うということである。理想と現実とのギャップのことを問題と捉えるが,どういった理想を持つのか,あるいはどのような現実に着目しどう評価するのかによって,設定される課題も変わってくる[25]。

②解決策の仮説(原因分析,解決策の立案)

　次に,課題に対する解決策の仮説を作成する。そのためには,特定された課題に関連する問題について,なぜその問題が発生したのか背後関係や原因を追究する必要がある。原因を根本まで追究するのは,そのレベルから解決しない限り問題が再発する可能性があるためである。この追究にあたっての主たる指針は,因果に基づく合理性である。すなわち,原因を突き止めるにあたり,「なぜ？」の問い掛けを繰り返しながら問題を深掘りしていく。深掘りの目安は,根本的な原因を特定するだけでなく,何を解決すれば良いのかが見えてくるまでである。

　問題に対して「なぜ？」と問うこと以外のアプローチとして,「どこ？」を問うことも効果的である[26]。「どこ？」という問いは問題の発生場所を限定する問いであり,それによって原因が見えやすくなる効果がある。別言する

と，問題が発生する可能性のある場所それぞれにおいて，どこかにあるべき状態（＝理想）と実際の状態（＝現実）とのギャップが発見されれば，そこに原因が潜んでいると察することができるわけである。

　問題に対する原因が因果関係で特定されると，今度はその因果の流れをどこかの段階で断ち切ることを考えなければならない。その方法として考案される様々なアイデアが，解決策の仮説となる。一般的に，どこで因果の流れを切るかについては，問題に近い側よりも原因に近い側に注目する方が有効な解決策を立てやすい。(27)しかも，原因の規模が小さい段階で手を打つほうが，費用対効果も大きい場合が多い。

　しかし，少しでも優れた解決策を得ようと思えば，まずは様々なアイデアを出していろいろな仮説を立ててみるべきである。そのためには，ゼロベース思考やブレーン・ストーミングなどを駆使してアイデア出しを図ることがよく行われる。アイデア出しは，出てきたアイデアをグループに分けて分類したり体系化したりしながら，アイデアが及んでいない領域がないよう注意しながら進めていく。

③解決策の検証・評価

　最後のステップとして，出されたアイデアを比較・評価して良いものを絞り込んでいく。

　比較にあたっての判断の基準は，できるだけファクト（事実）をベースとし，かつ合理的な基準を用いるべきである。合理的な基準とは，たとえば経済性（費用対効果），社会性（公平性），重要性（共有された価値），目的合理性（貢献や寄与）などのことで，一般にも通用する普遍的な基準のことと考えてよい。(28)あるいは，利益率を優先させる場合や，急ぐことを最優先する場合には時間が評価の視点として重視されることもある。ただし，複数の基準を用いる際には，より重要な基準とそうでない基準の間にある優先順位を考慮し，重みづけをしたうえで評価しないと正しい評価を下すことはできない。(29)

　こうした解決策の比較検討に有効なフレームワークとして，たとえば物事を判断するにあたり各々のメリットとデメリットを出して比較して決定しようとする〈プロコン表〉や〈PMI〉，あるいは複数の選択肢からベストなものを選び出そうとする〈ペイオフ・マトリクス〉などがある。比較にあたって評価項目同士のバランスを重視するなら，各アイデアについて〈レーダー

チャート〉を作り，比べてみる方法もある。こうしたフレームワークを使って，評価は多面的・多角的にしっかりと行う(30)。

また，ここでも俯瞰的な視点が要求される。課題が特定され個別解決策が立案されたら，それが問題全体をどう総合的に解決するのかについての確認を行いたい。とりわけ，複数の課題が特定され個別解決策も複数出されている場合，資源と時間とスキルに制約がある中で，それらを各々の解決策にどのように配分するかは問題解決の成否にもかかわる重要なポイントである(31)。よって，費用対効果といった効率を見ることも大切であるし，さらに個別の解決策の整合性をみながら，「結局，自分たちはどうありたいのか・どうあるべきなのか？」という視点から，戦略的・大局的に解決策をまとめ上げる作業も求められるのである(32)。

この節では，ビジネスの世界で活用される問題解決について，その思考のあり方や手法を参照した。先の教育学説における問題解決の方法論とあわせて，道徳教育の枠組みを当てはめて考察を加えてみよう。

4　問題解決の方法論と道徳科

(1) 問題解決の方法論の特質

ホームズの方法論とビジネス界での方法論の間には，共通する特徴がいくつか見られる。まず考え方の中に見られる特徴としては，

- 合理性への信頼
- 分析的な思考
- 因果律の重視

が挙げられよう。また具体的な手法に関する特徴としては，

- 解決手法のプロセス化

といった点が挙げられる。

まず合理性については，この方法の最初から最後まで貫く思考上の特質であり，これを徹底して貫くことによって問題解決の精度が上がると考えられている。この意味で，合理性はこの手法によって出される解決策の信頼性を

担保するために不可欠の要素といってよい。また合理性は，問題の分析結果や出てきた解決策を他者に受け入れてもらうためにも，必要な特質と考えられる。すなわち，出てきた解決策についてだけでなく，この手法そのものの信頼にもかかわる特質である。

　そうした合理性は，その分析的な思考へと色濃く反映される。たとえば，まず問題をその構成領域に分解することによって，どこの何を考察するべきかを特定することから始められる。ホームズの場合は，規範的アプローチと制度的アプローチと物理的諸条件の三つに分けて，それぞれの領域から考察を開始するし，ビジネスの世界での問題解決手法においては問題の構成要素を書き出し，そこから問題の原因を見つけていこうとする。とりわけ後者においては，ブレーン・ストーミング等で自由な発想を重視しながらも，そこにMECEという原則を被せて，分析した構成要素が重複することなくかつ全体のすべてを網羅するよう注意する徹底さがある。

　また，問題を構成要素に分解した後，その原因に遡って考察するところから解決策を提案するところまで，因果律による説明や理由づけが多用される。因果律使用の最も象徴的な場面は，ビジネス界における問題解決の理解の仕方であろう。そこでは問題のことを理想と現実との"ギャップ"と捉え，問題解決とはまずそのギャップが発生する因果の流れを断ち切ることとされる。そして解決案を考案した後は解決案をテストし評価するが，そこで各々の解決案がどのような結果を生むかは因果関係を使って合理的に予測される。こうした予測はホームズも極めて重視する。

　加えて，こうした一連の作業が，プロセス化されていることも特徴として挙げられる。ホームズの問題解決アプローチは問題解決のプロセスが段階別にプログラム化されており，各段階で何をするのかが決まっている。ビジネス界の問題解決手法も問題のテーマによって若干の違いはあるものの，その問題解決のプロセスはほぼパターン化されている。問題解決という困難なタスクでありながら，その作業手順は明快でわかりやすい。

　以上のような特徴を見ると，そこにニュートン以来の古典力学的な近代科学の思考や手法の影響を読み取ることができる。合理性，還元主義（全体を構成要素に"還元"して考える思考），因果律などは，いずれも近代科学の思考の枠組みにおいて中心的な概念であり手法である。またこうした"科学主義"的な性格を帯びることによって，問題解決の手法は広く支持を集め得

たのではないかとも推察される。
　しかし、このような近代科学の思考や手法を取り入れることによって、同様に近代科学の欠点や限界も備えることになったのではないかという疑いも生じる。そうした点について、道徳教育との関連なども視野に入れながら見ていこう。

（2）道徳教育及び道徳科との関係

　近代科学によって描かれる世界とは、法則性に則った世界である。世界を大きな機械に喩え、一定の法則に則って規則正しく運行するものと考えることから、合理性や還元主義や因果律といった特徴的な諸概念が導き出される。ここで問題なのは、自然界についてはそのような法則で物理的な規則正しさが説明できても、人間や人間社会については同様の法則で捉えきれない点である。人間や人間社会の動きは機械的・数学的な法則で描かれうるものではないため、そこに科学的な手法を人間や人間社会の現象に適用することへの限界が指摘されるのである。
　最も端的な限界は、人間や人間社会の動きにおける法則が描けないというよりは欠如しているということであろう。問題解決では仮説の検証を科学的な思考を駆使しながら行うが、対象が決まった法則に則って動いていない以上、所詮は推測の域を出ないことになる。いくら条件を整えて厳密に検証しても再現性は確保されておらず、その予測は予測でしかなく仮説も仮説でしかない。よって出てきた解決策は、それが最良の解かどうかは確証を欠くのである。
　そうした不備を補うためにも、合理性その他の科学的な思考の手続きをできるだけ厳密に踏まえるという姿勢が重視されるのである。しかし、たとえビジネスフレームワークをうまく使って極めて合理的な解決策と提示できても、それを採用するかどうか最終的には人間の抽象的・総合的な判断に委ねられる。そのとき、私たち人間は必ずしも合理的な意思決定を採用するとは限らない。これは「最適化原理」と「満足化原理」の問題と言い直すこともできよう。問題解決アプローチやビジネスフレームワークが提示するのは、問題を解決するために最も合理的な最適解であるが、それが最も満足を与えてくれる満足解と常に同じというわけではない。たとえば、ある工場の収益率を上げるためには商品の製造コストに占める人件費の削減が最も効果的、という最適解が得られたとしよう。では人員を必要なだけ解雇するかという

と，それを良しとしない企業は少なからずある。人間は必ずしも合理的に意思決定をするわけではないのである。

　この点は問題解決型の道徳科について考えるにあたって示唆的である。合理性に基づく問題解決手法においては，定性分析よりも定量分析が得意である。とりわけビジネス界においては，金額やパーセント等のような損／得に関する定量化が多い。しかし価値基準には，損／得といった功利主義的なもの以外にも，真／偽（記述的基準），善／悪（規範的基準），美／醜（審美的基準），好／嫌（感情的基準）などがある。こうした価値基準は道徳教育にも関係するものであり，しかも道徳科においては児童・生徒の発達段階に応じて，あるいは多面的・多角的な思考を促すうえで，複数の価値基準を使い分けていくことがある。とりわけ真／偽，善／悪，美／醜などは道徳の内容とも密接に関連するもので，損／得を得意とする合理的な問題解決思考で押していけるものではない。

(3) さいごに

　冒頭にも記したように，問題解決型の方法論は内容が明確であるし児童・生徒の思考や議論を必然的に促すので，学校の授業と馴染みやすいと思われる。とりわけ，今回の特別の教科化によって，新学習指導要領にて道徳性の構成要素が「道徳的心情，判断力，実践意欲と態度」から「道徳的判断力，心情，実践意欲と態度」と書き換えられ，また「考える道徳」・「議論する道徳」を目指すよう明記されたことから，問題解決型の道徳授業の実践を模索する流れは自然ともいえる。事実，問題解決型の授業は，『学習指導要領解説　特別の教科　道徳編』の「指導の配慮事項」にも挙げられている。しかし問題解決の方法論には特有の限界や不備もあるため，たとえば合理的な「判断力」に片寄った指導にならないように注意しなければならない。

　夏目漱石は『草枕』の中で，「智に働けば角が立つ。情に棹させば流される。意地を通せば窮屈だ。とかくに人の世は住みにくい」と記している。こうした相矛盾する人間世界を正面から包含できるような，問題解決型の授業や学習を目指したい。

　　　　　　　　　　　　　　　　　　　　　　　　（角谷　昌則）

〈注〉
(1)　文部科学省『中学校学習指導要領解説　特別の教科　道徳編』（平成29年7月），

p.2,p.85.『小学校学習指導要領解説 特別の教科 道徳編』(平成29年7月)では同様の文言が2ページと83ページにある。
(2) ホームズの学説については次の著作に拠った。Holmes, B. (1965) *Problems in Education : A Comparative Approach*. London : Routledge & Kegan Paul. ; Holmes, B. (1975) *Comparative Studies in Education ; An Anthology in Continuing Education*. New York : Syracaus Publications.
(3) 堀公俊 (2016)『フレームワークの失敗学』PHP研究所,p.22.
(4) 齋藤嘉則 (2010)『新版 問題解決プロフェショナル』ダイヤモンド社,pp.19-30.
(5) 松浦剛志・中村一浩 (2016)『「問題解決」基礎講座』日本実業出版社,pp.52-53.
(6) 齋藤嘉則,前掲書,pp.31-47.
(7) 同書,p.31.
(8) 同書,p.31.
(9) 松浦剛志・中村一浩,前掲書,p.16,p.18.
(10) 齋藤嘉則,前掲書,p.33.
(11) 手塚貞治 (2008)『戦略フレームワークの思考法』日本実業出版社,p.20.
(12) 齋藤嘉則,前掲書,p.35.
(13) 松浦剛志・中村一浩,前掲書,pp.168-169.
(14) 齋藤嘉則,前掲書,pp.45-47.
(15) 松浦剛志・中村一浩,前掲書,p.118.
(16) 同書,pp.52-53.
(17) 齋藤嘉則,前掲書,pp.123-125.
(18) 松浦剛志・中村一浩,前掲書,pp.52-53.
(19) 堀公俊,前掲書,p.114.
(20) 手塚貞治,前掲書,pp.18-19.
(21) 齋藤嘉則,前掲書,p.129.
(22) 同書,p.129.
(23) イーサン・ラジエル/ポール・フリガ (2002)『マッキンゼー式 世界最強の問題解決テクニック』英知出版,p.32.照屋華子・岡田恵子 (2001)『ロジカル・シンキング』東洋経済新報社,pp.58-63.
(24) 松浦剛志・中村一浩,前掲書,pp.36-37.
(25) 堀公俊,前掲書,p.114.
(26) 松浦剛志・中村一浩,前掲書,pp.40-41.
(27) 同書,pp.42-43.
(28) 堀公俊,前掲書,p.133.
(29) 同書,p.134.
(30) 同書,p.133.
(31) 齋藤嘉則,前掲書,pp.134-136.
(32) 堀公俊,前掲書,p.145.
(33) 同書,p.137.
(34) 同書,p.147.

第7章

戦後教員文化の特徴と課題
―― 教育活動における主体性と道徳教育

1 はじめに

　明治以降の日本の近代教育制度において「道徳教育」は重要な位置を占めている。特に昭和期に入り軍国主義が強まっていくと，道徳教育「修身」は学校教育の中核となっていった。そのため敗戦の事実によって「修身」は廃止に追い込まれた。戦後，「修身」は復活することはなかったが，終戦直後の混乱期を経ながらも道徳教育は続けられ，今次の学習指導要領改訂により「特別の教科　道徳」となったのである。

　丸山恭司は戦後の道徳教育について，「戦前の教育を肯定することを前提にしてしまえば，教科化ありきの充実案に矮小化されてしまう。また，逆に戦前の教育が諸悪の根源であり，その中心に修身があったことを議論の出発点としてしまうと，本来であればその中身の是非について議論されるべきところ，教科化そのものが悪としてタブー視されてしまう。どちらの立場も，子どもたちが，そして，日本の社会がよくなるようにと願っているにもかかわらず，会話が成り立たない」（丸山恭司 2014：36）状態が依然としてあるという。

　丸山が指摘するように，修身を中核とした戦前の教育を肯定し，戦後も道徳教育は存続・充実させていくべきものであると考える教員がいる一方，道徳教育は日本人を無謀な戦争へと狂わせた元凶であると考える教員もいる。後者の教員は道徳教育をタブー視する。両者の間には戦後の道徳教育をどう捉えるかによって深い溝があり，その溝が両者間の会話を不可能にしている

のである。

　前者が主に文部省を含む保守的な立場に立つ人々の側だとすれば，後者は日本教職員組合（以下，日教組）に代表される教員組合に集まる教員の側である。この政府文部省と日教組との対立が戦後教育を象徴する構造であり，戦後教員の行動の重要な特徴を形成してきたことは周知の事実である（日本教職員組合 1958）。

　また，先述のように道徳教育は戦前及び戦後の教育において特別な位置を占めているため，いつの時代もおよそすべての教員は道徳教育の実践者として生徒の前に立たなければならない。特に戦前と戦後との狭間に立った教員は道徳教育「修身」が全否定されたことによって，教員は一時的に自らの教育実践の根拠を失ってしまった。彼らは曲りなりに国体思想を信じ，自らの教育を主体的に実践していたと思っていたために，自己が自己の実践の主体であることを疑わざるを得ない事態に陥ってしまった。

　戦後も道徳教育は学校の教育活動全体を通じて行う「全面主義」に立ち（鈴木篤 2014），目標を「主体的な判断の下に行動し，自立した人間の育成」（学習指導要領総則 2017）することとしている。学校が行う全教育活動の底流となるのが道徳教育であるから，その実践においては実践者自身が主体的に判断できる自立した人間であることが前提となるであろう。

　戦後教育を象徴する政府と教員組合との対立は，戦後の出発点である「終戦の日」直後から数年間の教員の諸行動の中にすでに現れている。この時期に教員一人一人が深刻に主体性を問われたのであるから，「終戦の日」以降の教員の諸活動は重要な意味を持っている。そこで 1945 年（昭和 20）8 月 15 日「終戦の日」前後の学校の状況を記述した史料によって，当時の教員の諸行動の課題を明らかにしたい。その際，「終戦の日」以後から始まる教員の諸行動の中に見られ，他の職種には見られない特徴を本稿では戦後教員文化と捉えることとする。さらに未来に向けた教育活動における教員の主体性と道徳教育との関係を考察する。

2　戦前・戦後の道徳教育

　戦後教員文化を考えるためには，最初に戦中・戦後の「180 度」（森山 1977：126）の転換に至るまでの日本の近代教育制度の歴史を振り返らなければな

らない。

（1）明治から「終戦」までの道徳教育

19世紀後半に日本社会の近代化に取り組んだ明治政府は，近代化を進めるうえで最も重要な教育制度の改革に早くから取りかかり，1872（明治5）年には学制が敷かれ近代学校制度が初めて日本に導入された。この「学制」では道徳を扱う教科として「修身」が設けられた。「修身」では下等小学校（現在の小学校1・2年生に当たる）第8〜5級にのみ週2時間「修身口授（ぎょうぎのさとし）」が配当された。これは教員の口授・説話による授業であった。明治維新によって近代社会への改革を進めていた政府であったが，近代市民社会に向けた適当な教科書はなく，欧米の倫理書の翻訳や古い教訓書が用いられた。

1879（明治12）年には「教育令」が制定された。「自由教育令」と通称された「教育令」では「修身」の地位は低く，必修教科の最後に置かれた。そのために政府は伝統重視派からの批判を受け，翌1880（明治13）年には，「改正教育令」を出して「修身」を筆頭科目にし直した。

1881（明治14）年，改正教育令に基づいて「小学校教則綱領」が出され，小学校での標準授業時間数が示された。初等科と中等科で週6時間，高等科で週3時間が当てられた。

初代伊藤博文内閣の初代文部大臣となった森有礼は1886（明治19）年，「帝国学校令」「小学校令」「中学校令」「師範学校令」を制定して近代的学校制度の構築に努力した。

小学校では「修身科」が筆頭の教科とされたが，尋常小学校，高等小学校とも，修身に当てられた時間は週1.5時間程度であった。また，森は「師範学校令」に基づいて，それまで多種類であった教員養成学校を統一し，近代学校制度に見合う教員養成制度を整えようとした。全寮制，給与支給の師範学校を造り教員養成制度のモデルを示したが，師範学校は，後に「師範タイプ」などと皮肉られる独特の教員タイプを生み出すことになった。

1890（明治23）年には「教育ニ関スル勅語」（教育勅語）が発布された。教育勅語はこれ以後，道徳教育の基礎となった。翌1891（明治24）年の「小学校教則大綱」では「修身ハ教育ニ関スル勅語ノ旨趣」に基づくものであると規定された。教育勅語を基本とする道徳教育が小学校教育の中心であり，

第7章　戦後教員文化の特徴と課題　　111

表1 戦前の小学校国定教科書の特徴

期	期間	内容の特徴
第1期	1904～1909	忠君,孝行,勤勉などの徳目を身に付けることを強調する徳目主義と特定人物の道徳的意識や行動を通して道徳的価値を学ばそうとする人物主義が中心であった。近代市民社会の倫理を強調した開明的なものであった。
第2期	1910～1917	日露戦争後の時代であり,教育勅語が教科書に全文掲載された。教育勅語の読唱が修身の授業の中で重視されるようになった。
第3期	1918～1932	第一次世界大戦後の国際連盟設立など,平和を求める国際情勢を踏まえて,国際協調を重視した内容になっている。
第4期	1934～1940	1935年に起こった天皇機関説事件を受けて国体明徴にかかわる部分が強調された。「紀元節」「明治節」など,天皇制に関係する祝祭日を教材にしたものが増加した。
第5期	1941～1945	1941年,尋常高等小学校が国民学校に改編された。12月には太平洋戦争に突入する。修身科が国語・地理・歴史とともに「国民科」に再編された。英米軍を相手とする戦争に突入した日本は勝利の目途が立たないまま,全国民を戦争にかりたてる体制を作っていくようになる。日本は天皇を神としていただく特別な国であり,そのために死ぬことを求める内容となっていった。

「修身科は直接的にこの目的に奉仕するものであることが明示されたのである」（鈴木篤 2016：93）。

同年文部省は「小学校修身教科書用図書検定基準」を公示し,検定制度によって修身教科書を作ることを認めた。1903（明治36）年,「小学校令」などの諸学校令施行規則が改正されたのに合わせて,小学校4教科の教科書が国定制度に移行した。小学校国定教科書は1945（昭和20）年の「終戦」までに5回改訂された。改訂に合わせて表1のように5期に分けられる。

(2) 戦後の道徳教育

1945（昭和20）年8月,「終戦」を迎えた日本は連合国軍総司令部（以下,GHQ）の占領下に入った。米国を中心とした連合国軍の対日占領方針は,日本を二度と戦争を起こせない国にする非軍国主義化とそのための民主化推進であった。1946（昭和21）年に制定された日本国憲法はその方針を法的に表したものであり,国民主権,平和主義と基本的人権の尊重を三原則とする民主的憲法であった。日本国憲法の精神を実現するためには民主的社会を担う国民の育成が最重要課題となる。

1947（昭和22）年には法律の形式としては異例の前文付きの「教育基本

法」が制定された。教育基本法では教育の目的を「人格の完成」とし，「平和的な国家及び社会の形成者として，真理と正義を愛し，個人の価値をたっとび，勤労と責任を重んじ，自主的精神に充ちた心身ともに健康な国民の育成を期しておこなわなければならない」(教育基本法 1946)とする。

GHQ は 1945（昭和 20）年 12 月，戦前の軍国主義教育の中核とみなした修身，国史，地理の授業を当面禁止することとした。翌年，国史と地理は再開したが，修身は復活しなかった。

戦後の混乱の中で子どもの生活環境も劣悪な状態に陥り非行も目立ったため，学校教育への批判も高まった。一方で教育勅語が衆参両議院の国会決議によって廃止されたのは 1948 年のことであり，それまでには教育勅語の復活や新たな勅令の発布を求める声などが起こった。教育勅語に代わるものとしての教育基本法に変則的な前文が置かれているのもそうした背景から来ている。

占領下にあって急速な民主化を迫られた文部省は「修身科」に代わる道徳教育の教科として，はじめに「公民科」を考えたが，実施されることはなく，結局，「社会科」が道徳教育を担うことになった。

1947（昭和 22）年に文部省は「学習指導要領一般編（試案）」を発表し，新設の社会科は修身，地理，歴史などの教科内容を融合したものであると説明した。しかし，それまでの教育方法が「180 度」（森山 1977：126）変化したと感じている教員たちには「社会科」の指導方法に迷うことが多く，指導の効果を疑問視する声も多く起こった。

1946（昭和 21）年 3 月に来日した第一次米国教育使節団の提言の進展具合を点検するために 1950（昭和 25）年に来日した第二次の米国教育使節団は，社会科の状況に否定的で，道徳教育は社会科を含む全教育課程を通じて進めるべきであるとの報告書を提出して帰国した。こうした指摘を受けて文部省は道徳教育を学校の全教育活動の中で進めるという道徳教育の「全面主義」に転換していった。

昭和 30 年代になると，「全面主義」だけでは不十分との意見が出てくるようになった。1957（昭和 32）年 9 月に文部大臣の諮問を受けて「道徳の時間」について検討した教育課程審議会は，「全面主義」を堅持しながらも道徳教育の更なる徹底のためには「道徳の時間」を特設することが望まれると答申した。「全面・特設主義」への転換である。

1958（昭和33）年3月，文部省は通達「「道徳」の実施要綱について」を出し，8月には学校教育法施行規則の一部改正が行われ，「道徳の時間」が法的に承認された。10月には学習指導要領が改訂されたことで道徳教育の指導内容が規定されることになった。

　学校教育法施行規則では小・中学校の教育課程は「教科」「特別教育活動」「道徳」「学校行事等」の4領域からなるとされ，道徳は教科とは区別される「道徳」の時間とされた。「道徳」は小・中学校全学年で毎週1時間以上実施することとされた。

　その後も「道徳」の時間は「領域」として位置づけられてきたが，2013（平成25）年，第2次安倍晋三政権において，諮問機関の教育再生実行会議が「道徳の教科化」を提言したのを受けて，今次の学習指導要領改訂では道徳は教科とされた。

　こうした動きは戦前の教育への復古のように受けとめられ，社会の保守化・右傾化だと批判する論者も多いが，「いじめ」問題に見られるような若者の規範意識の低下やグローバル化に伴い多様な文化と接する機会が増加してきたことが背景となっている。

　学習指導要領はほぼ10年ごとに改訂されてきた。2002（平成14）年には賛否の分かれる文部科学省作成の『心のノート』が導入され，全国の小・中学生に配付された。政権交代などの影響から配付を止めた時期もあったが，2013（平成25）年には再び配付されるようになった。翌2014（平成26）年，全面改訂がなされ，『私たちの道徳』と改称された。

3　戦前・戦中の教員の姿

　前節における道徳教育の略史を受けて，この節から4までは史料を追いながら戦前から戦中・戦後にかけての教員の姿を見ていく。

　自らも通信兵として従軍し，広島市で被爆した丸山眞男は，軍隊生活を基に「終戦の日」の翌年，1946年5月に雑誌『世界』に論文「超国家主義の論理と心理」を発表した。その中で丸山は戦前の日本人について，政治形式的には戦中の日本はファシズム的独裁国家であると見られていたが，西欧的な意味での独裁者はいなかったと主張する。「本来の独裁観念は自由なる主体意識を前提」（丸山眞男 1946：39）としているのであり，日本のように「全

国家秩序が絶対的価値たる天皇を中心として，連鎖的に構成され，上から下への支配の根拠が天皇からの距離に比例する，価値のいわば漸次的希薄化にあるところでは，独裁観念は却って生長」（丸山眞男 1946：39）し難かったとする。

戦時に首相を務めた東条でさえドイツやイタリアのファシストと異なり，「自由なる主体意識」を持つのではなく，「絶対的価値たる天皇」からの距離によって自己を規定する存在にすぎないと見る。したがって，「事実もしくは社会的結果としてのそれと意識としてのそれとを混同してはならぬという事である。意識としての独裁は必ず責任の自覚と結びつく筈である。ところがこうした自覚は軍部にも官僚にも欠けていた」（丸山眞男 1946：39）のである。

丸山の論文は敗戦によって日本人の主体性について疑念を抱いていた多くの日本人の心に響くものがあり，丸山自身が驚くほど大きな反響を巻き起こした。その後の戦争責任論にも長く影響を与えたのであった。

丸山の論に関連して，引用されることが多い二人の小学校教員，荻野末と東井義雄の事例を挙げる。

戦前・戦後を通して小学校教員として勤めた荻野は戦前の小学校の様子を伝えている。荻野自身は戦前，北方系の綴り方教育に関心が高く，自身も実践していた。戦後は管理職となってからも勤評反対闘争を続けるなど教員組合運動に熱心な教員の一人である。

戦前，荻野は数年間のカラフト勤務を終えて帰郷し埼玉県内の国民学校に勤務していた。荻野は戦争に飲み込まれていく学校に対して違和感を持ちながら勤務していたが，1941年の帝国海軍による真珠湾攻撃の勝利以来，大人も子どもも，荻野自身も変わっていったと書いている。

12月8日，「真珠湾攻撃」開戦の日には国民学校の校庭で村民大会が行われた。気分が高揚して涙を流した荻野は大会終了後，当時，校庭の木に縛り付けられていた米英兵に見立てた藁人形に「米英ゲキメツ！　エィ！」と叫びながら何度も突きを入れたという。荻野の後には子どもたちの長い列ができていたのであった。[1]

5で紹介する小学校教員の東井も，戦中に子どもたちと一緒に日本の神話に基づく「皇紀二千六百年」の歴史文集を感涙をもって作り上げたと書いている。その実践記録が東井の有名な『学童の臣民感覚』となって出版され

ることになった。1944年のことである。荻野に起った変化は全国各地の国民学校で発現していたのである。

　丸山眞男が説明したように，政治的事実として頂点に立つ東条から一般国民に至るまで，「全国家秩序が絶対的価値たる天皇を中心」とした国家意識に突き動かされていたのである。天皇制国家としての国体を形成する国民（臣民）を作る最前線に立つ教員は「自由なる主体意識」を失い，国体思想の実践者となっていた。

4　「終戦」直後の教員の姿

(1)　教員による「終戦」の受け止め

　「自由なる主体意識」を失くし，日本の究極の勝利を信じていたほとんどの教員にとって「終戦の日」，8月15日水曜日は予想外の出来事であった。突然，教員は前日までの自己の教育の根拠を失い立ち往生の状態となった。しかし，群馬県高崎市のように20日月曜日から平常授業を開始するよう決めている地域もあり，教員は「神国日本の勝利」という「嘘」を教えたことを子どもにどう説明するか，直ちに悩まなければならなかった（永井 1972；三浦 1969）。

　荻野や永井の学校では，「終戦の日」直後から教員の間に戦前の教育上の言動が個人の責任ではない，とする発言が繰り返されたという。そのような発言に対する他の教員の反応は鈍く，「戦争に負けたために仕方がない」，「教員一人の責任ではない」といった発言が放置されるような状況であった。多くの教員がこのような反応であったのに対して，戦前に子どもに言ったことが嘘であったことを真剣に悩み，辞職した教員も少なからずいた（三浦 1969；金沢 1967）。

(2)　「教職追放」と教員との関係

　文部省は「終戦」と同じ日，文部大臣太田耕造から地方長官宛てに訓令第5号を発出し，これまで教員はよく努力したが，戦争に勝つことはできなかった。この点を反省し，今後は「終戦」の大詔の意に沿って，さらに国体護持に向けて努力せよと指令している。

　「終戦」の大詔渙発を受けて全国各地区単位で校長会が持たれている。2014

年に福岡県久留米市の大善寺小学校で発見された1945年度の国民学校当時の『学校日誌』には，8月15日午後に校長が福岡県庁に召集されたことが記されている。

『学校日誌』によれば，大善寺国民学校では15日以降も大詔奉読会が職員会議の前に行われ，奉安殿の点検が翌年まで毎日続けられている。このことからわかるのは，当面の方針は国体護持に向けた戦前と同様の校内秩序の維持にあったことであろう。

1945年8月30日にマッカーサーGHQ総司令官が厚木基地に到着して敗戦日本の本格的な占領統治が始まった。日本の非軍国主義化と民主主義の徹底が占領の目的であり，矢継ぎ早に方針発表や指令が出される。10月には教育に関する四大指令が出され，修身・地理の停止や軍国主義的な不適格教員の排除等が指示された。

軍国主義に深くかかわった教員の学校からの排除を目指す「教員適格審査」は「教職追放」とも呼ばれた。政府が「教員適格審査」の正式指令である勅令第263号を発出したのは，1945年10月のGHQ指令発出から半年以上経過した1946年5月7日であった。

実際には勅令第263号発出前に約11万人の教員が様々な理由で辞めている。勅令第263号に基づいて「不適格」になったのは全職員の1%程度であり，勅令以前に辞職した11万人を「教職追放」と捉えている記述も多い（長田・尾形 1984；小林 2001；山本豊 2013）。

11万人の中には様々な理由により自らの判断で辞職していった者も含まれている。「教員適格審査」の勅令によって「不適格」とされた者が極少数であったため，一般の教員への「教職追放」の影響は軽微であったように見える。

先に取り上げた東井の場合，1943年に自身の論文「学童の臣民感覚」が雑誌『文藝春秋』に載るなどして軍国主義の鼓吹に重要な役割を果たしたとの自覚があったにもかかわらず，「適格」とされた。「適格」の通知を見た東井は感激のあまり涙を流している。

「終戦の日」の翌日，8月16日の朝に，東井は死を覚悟して家を出て歩き回ったが，「適格」通知を受け取った後には子どもの教育に打ち込むことで責任を果たそうと考えていくようになる。

また，GHQの地方官は占領軍からの指令が確実に実施されていることを

確認するため，学校視察を頻繁に行っている。戦前に県視学が各校を回り続けたのと同じ構図であり，権力を持った上官としての GHQ 地方官への学校の対応もまったく戦前と変わらなかった。

学校と監督官庁との関係性や不適格者のほとんどいなかった「教員適格審査」の結果などからは，教員の戦前教育に対する責任意識は希薄にならざるを得なかったことが想像できる。

5　労働組合と教員との関係

「終戦」直後の教員の生活条件は厳しいもので，住宅もなく教室を仕切って，教室の一部に家族で住む者も珍しくなかった。そうした生活条件を背景に教員は 1945 年の 12 月までには全国規模の教員組合を多数結成した。労働組合の結成は民主化を進める GHQ の対日政策方針にも合致するものであり，予防拘禁されていた社会主義者，共産主義者の解放と合わせて労働組合運動はすこぶる活発となった。活発となった教員組合であったが，各組合を指導する人々の政治的背景が異なるために当初から全国組織間の対立も目立った。

羽仁五郎や国分一太郎らが加わって発刊された雑誌『明かるい学校』は 1946 年 7 月号が創刊号である。その巻頭論文で宮下は教員組合同士の対立を越え，単一の労働組合に団結すべきであると強調している。

同じ号の巻頭論文で青木は，一人一人の教員の戦争責任について言及している。しかし，「終戦の日」直後にいわゆる戦争責任を意識した教員はいない。それよりも，先述のように自らが無謬の「教師」として子どもに話したことが嘘になったことの説明をどのようにすべきかについて悩んでいる。

1945 年秋には天皇の戦争責任論や極東軍事裁判の開始が伝わるようになった。学校は平常授業の日課に戻っているが，戦争全体の状況が伝わるにつれて教員も戦前の自己の行為に対して責任を感じざるを得なくなっていった。

青木はいう。「肝腎なことは，教育者の一人一人が，自己の良心にかけて自分自身の戦争責任，過去の理論的誤謬を徹底的に追求することである」(青木 1946：6)。そして，「真に正しく，この責任を解除する唯一の道は，われわれ教育者の一人一人が，自分自身の戦争責任を，衷心から追求することである。そして，今まで支配階級からつぎこまれた在来の世界観を一切ふりす

て，新しく批判的な見地に立って，社会科学や世界情勢を研究しなほすことである」(青木 1946：6) という。

1946年1月31日にマッカーサーGHQ総司令官が出した2月1日ゼネスト中止指令以後，教員組合に寄る教員とGHQ支配下にある文部省との志向の違いが明瞭になっていった。教員組合は文部省の方向が戦前教育の復活を志向する反動的なものと断定し否定しつづけることになる。教員組合の文部省に対する強烈な敵対意識は，当時の政治情勢と連動しながら社会主義運動に傾倒する教員集団を生み出した。

国分が『教師――その仕事』の中で取り上げている教員は社会主義革命を本気で目指している。一刻も早く社会主義革命を成就するために子どもを革命闘士にしなければならないと信じている。国分はその早急な姿勢を批判するが，こうした教員の姿は国体護持を信じ，「米英ゲキメツ！　エィ！」と叫んで米英兵に見立てた藁人形に突きを入れる教員・子どもの姿と重ならざるを得ない。

6　戦後教員文化の特徴と課題
――主体性の視点から――

(1) 戦後教員の類型化

原芳男と中内敏夫（以下，原・中内）による論文「教育者の転向――東井義雄」は，戦中・戦後に掛けての教育者の「転向」に関する研究である。研究対象はすでに取り上げた小学校教員東井義雄である。彼は『学童の臣民感覚』の著者であり，国体思想を信じる子どもを育てることに打ち込んだ教員である。

原・中内は論文の中で戦前の教員を「教職モラルに対する適応」の仕方によって四つに類型化する。大きくは教職モラルに対して同調するグループと逸脱するグループに分けられる。同調するグループには視学・校長・教頭の教育行政における管理者下層の者で過度に体制に同調しようとする「体制的努力主義」の人々のグループと，これらの過度に同調する人々の非現実的な道徳的態度について行けない一般の教員のグループの二つのグループがある。一般の教員グループは公立学校の大多数の教員を含むものである。

逸脱のグループは教職モラルそのものに批判的な人々で少数である。この

グループも二つに分けられる。一つのグループは反体制的努力を実践し続ける人々で伊藤長七や野口援太郎が挙げられる。もう一つのグループは「特殊な条件を持つ私立学校や左翼サークルに属する」(原・中内 196：215)人々で少数の情緒的な攻撃性を持った人々である。

　この原・中内による教員の類型化を踏まえながら，前節までに記述した戦後教員の言動の中に見られる特徴と課題を考える。

　原・中内の分類によれば，「教職追放」の対象ともならず，自ら辞職することもなく，教壇に立ち続ける最多数の教員が，「同調」類型に分類される一般の教員である。彼らを「一般教員」と呼ぶとすれば，最も多くの生徒が接するのがこの一般教員である。

　社会主義的思想の影響を受けながらも戦中になると国体思想に飲み込まれてしまう東井や荻野も一般教員の典型である。東井や荻野らを含む一般教員が戦後も教壇に立ち続けたことに見られるように，一般教員は戦前・戦後を通して「転向」を繰り返している。原・中内はこのような一般教員に見られる転向を「"天候観測的"動物的転向」(原・中内 1962：215)と呼ぶ。

　国分が批判する社会主義革命を実現しようとする教員も行動は極端であるが，荻野と同様，教員組合運動に過度に影響された一般教員の典型である。一般教員のうち，『明かるい学校』の呼びかけに応えるように組合運動に熱心になっていった教員の一人である。社会主義革命成就を現実として考えていたか否かは別にして，教員組合の方針に沿って文部省から地方教育行政官庁までを含む教育行政とことごとく対立する行動を取り続けるありようも一般教員の姿であり，戦後教員文化の典型といえる。

(2) 教員と主体性

　近代教育制度上の教員は法的・経済的な基盤を国家によって統制されている。敗戦は非科学的かつ極端な超国家主義的な教育内容を払拭したが，国家体制としての教育制度そのものが解体されたのではなかった。敗戦によってそれまで教員の全行動を規制してきた国家主義的・軍国主義的思想・体制が崩壊したときに，教員は自己と自己の過去の教育活動との関係を自己の主体性の視点から捉え直すべきであった。1946年に起こった「主体性論争」の論者の一人，梅本は主体性について次のように述べる。

> 　個の意識が成立しているということは，その内面性の中に，外的な秩序体系の中に吸収されつくすことを拒否するものが成立しているということである。もとより外部の世界との間に何の拘束関係もないところには主体性などというものも問題になりえないが，内面性が外部の世界に吸収されてしまえばそもそも対象化そのものが成立しない。主体性とは，その拘束関係の対象化を不可欠の契機として，その関係の中で，自己の行動を単に外的な制約によってではなく，内的決断によって決定する内面性に与えられる概念である。(梅本 1968：305-306)

　戦前に超国家主義に沿って子どもを戦場に送り出し，少国民として育成した教員が，戦後は子どもを社会主義革命の闘士にしようと教育する。教員にとって子どもは常に教化の対象である。

　子どもと教員との関係が教育の場の中核であり，教員文化の特徴もその部分から発生する。教職も外部の世界から何らの拘束関係がないということはあり得ない。近代教育制度上は教員の持つ外部からの拘束関係はそれ以前の時代に比べ格段に多くなっている。

　戦前の国による拘束関係が極端なものであったために，戦後は国による拘束関係をすべて否定しさえすれば主体性が確立すると思う傾向があった。それでは戦後の教員に係る外部の拘束関係をすべて対象化し，内的決断によって自己の行動を決定しているとは言い難い。

　戦後教員文化が「戦前」の外的拘束関係を対象化することに急で，「戦後」のすべての外的拘束関係を対象化することができなかったことが，戦後教員文化の特徴であり，課題である。戦後，戦争責任の意識が，教員の内面性を外部の世界に吸収される回路を作ってしまったことが，教員の内面の主体性を奪ってしまった。内面の主体性が失われた教員にとって「"天候観測的"動物的転向」は容易なことである。

7　おわりに
──教育活動における主体性と道徳教育──

　前節までの考察から本章の課題に対する回答を次の2点にまとめることができるだろう。

第一点目は学習指導要領「道徳教育」における「主体性」についてである。
　小・中・高等学校の各学習指導要領に共通する道徳教育の目標は「未来を拓く主体性のある日本人の育成」である。「総則」解説では文中「未来を拓く主体性のある」の意味について，「常に前向きな姿勢で未来に夢や希望をもち，自主的に判断し，決断したことは積極的にしかも誠実に実行し，その結果について責任をとることができる人間」としている。
　先に引用した梅本は「主体性」について，「主体性」が成り立つのは自己の内面が外部から拘束を受ける関係にあるときに，その拘束に対峙していく場合のみであると説明する。学習指導要領総則解説（以下，総則解説）にいう「主体性」の含意を梅本の説明によって読み解けば，総則解説における「主体性」は，外部からの拘束性を対象化しつつ「自主的」に判断し，自ら決断したことを実行し，行為の結果の責任を負うことができる，と解釈できよう。そのような自律的な主体を育成することを道徳教育は目標としているのである。
　第二点目は専門職の視点から見る「道徳教育」と教員の「主体性」との関係性についてである。
　学習指導要領では道徳教育は学校の教育活動全体を通じて行われるものであるとする。教員が行う全教育活動が道徳教育を形成しているのであるから教員が道徳教育に対して持つ認識の重大性はいうまでもない。また，近代教育制度の中の教員が法的，経済的に国家の制約を受けることは専門職としての教職の特徴である。
　専門職としての教員を拘束する国家の制約を戦後教育文化形成期である「終戦の日」以降の教育基本法制定時に見れば，この時期，文部省も戦前教育への反省から学校教育は国家統制から独立して教育活動が行われるべきであるとする考えを持っていた。例えば帝国議会において当時の文部大臣は教育基本法第10条について，第10条は戦前の反省に立って「教育権の独立」を表していると述べ，教育行政は教員が主体的に行う教育活動の条件整備という任務を担当すると説明している。
　終戦直後の時期，日本人にとって戦前の教育が超国家主義や軍国主義による「不当な支配」であったという認識は一般的なものであった。しかし，GHQ総司令官による1946年2月1日ゼネスト中止命令以後には，GHQの対日占領方針の意図が反共産主義にあることが徐々に明らかになり，次第にGHQ

の意図に沿うように教育基本法の実質的改正が行われていったのであった（鈴木英一 1970）。

　教育基本法の実質的な改正を進める反動的な文部行政と，当初は国民的合意であった「教育権の独立」を楯に文部行政と激しく対立する教員組合という戦後教育の枠組みができ上がっていったのである。以後，教員組合側は「教育権の独立」の論理から教育行政が教育内容について触れることをタブーとするようになる。丸山恭司が指摘した，「タブー視」の問題である。

　「終戦の日」以降に教員組合が「教育権の独立」を楯に長く文部行政と対立し続けた背景には，藤田や大田がいうように知識人や教員へのマルクス主義の強い影響がある。大田は戦前から戦後にかけて天皇制に基づく超国家主義の体制を体系的に批判することができたのは「マルクス主義以外になかった」（大田 1978：15）という。そのため，教育においてもマルクス主義歴史観に基づく社会主義体制を築く努力をすべきだという政治性を帯びた活動がよしとされた。こうした状態について，教育が「政治とは相対的に区別されるべき固有ないとなみ，固有の価値を内蔵」（大田 1978；16）している点を教員は失念してしまったと大田はいう。

　専門職としての教員を拘束する国家的制約が戦後教員文化形成期に変化しているのである。こうした状況の中で戦後教育は出発した。道徳教育に対する認識にも溝を残しながら，戦後の道徳教育は時代の要請に応じつつ学校教育の中に特設され，次に「領域」として定着し，今回，教科化が行われることになったのである。

　渡邉はこの度の教科化について，「学校教育の大黒柱にあたる学校の道徳教育」（渡邉 2017：2）を実践するにあたっては，社会や産業・経済の変化は，かつてないグローバル化という巨大な波の中で起こっている事実として捉え，狭小な世界観にこだわらずに見ることが必要である。また，そうした変化が目の前にいる学校における子どもたちの生活上の課題として「価値観の相対化傾向や私事化傾向の拡大にともなって，いじめや暴力行為といった問題行為といった問題行動となって子供たちのなかに顕在化」（渡邉 2017：2）しており，学校の道徳教育の課題は「子供たちがやがて自らの生き方・在り方を自律的に探究することができるようにすること」（渡邉 2017：3）であると述べ，教員の道徳教育に向かう姿勢を示している。

　以上の2点に示したことから，道徳教育を行おうとする教員に対して次の

ことを言い得るだろう。

　外的拘束関係をまったく持たない内面性はありえないのであり，教員を制約する外的拘束関係は様々な方向から向けられる。しかし制度の根幹に係る法的な拘束であっても不変のものではなかった。現在，グローバル化による政治的・文化的な多様化の現実は未曾有のものである。その多様性に対し，教員は戦前・戦後の教員文化が陥った世界観の狭小化という失敗を繰り返すことはできない。教育固有の価値である自律的な主体となる人間を育成することを目標とする道徳教育においては，教員自身が可変な外的拘束関係を対象化できる独立した内面性を持った主体とならなければならない。

（小川　英夫）

〈注〉
（1）　日本経済新聞朝刊コラム「春秋」（2018年8月10日）によると，『立川空襲の記録』シリーズに次のような事実が書かれているという。1945年8月8日東京都の空襲に来た米軍機が撃墜された。人々は米軍機から脱出した米兵を小学校に設けた木枠に縛り付け，一人一回として殴り続け殺害した。「息子の敵」と叫ぶ老母や，折れた竹刀を持った小学生などが群衆の中で殴り続けた。最後は近くの寺で将校が斬首して穴に埋めたとのことである。

〈引用・参考文献〉
青木壮一郎（1946）「教育界の戦争責任について」『明かるい学校』民主主義教育研究会編。
五十崎暁生・吉原公一郎（1975）『戦後教育の原典②──米国教育使節団報告書他』現代史出版会。
梅本克己（1968）「主体性の問題」『岩波講座　哲学Ⅲ　人間の哲学』岩波書店。
大田堯編著（1978）『戦後日本教育史』岩波書店。
荻野末（1970）『ある教師の昭和史』一ツ橋書房。
海後宗臣編（1971）『教員養成』〈戦後日本の教育改革第1巻〉東京大学出版会。
金沢嘉市（1967）『ある小学校長の回想』岩波書店。
久留米市立大善寺小学校地域学校協議会（2015）『戦後70年　大善寺小　平和への願い』「戦後　七〇年復刻版」出版会。
ゲイン，マーク（1951）『ニッポン日記』筑摩書房。
国分一太郎（1956）『教師──その仕事』岩波書店。
小林正（2001）『「日教組」という名の十字架』善本社。
新堀通也（1975）『教師の良識』ぎょうせい。
鈴木篤（2014）「日本における道徳教育の歴史──社会変化のもとでの道徳と道徳教育」『教師教育講座第7巻　道徳教育指導論』協同出版。

鈴木英一（1970）『教育行政』〈戦後日本の教育改革　第三巻〉東京大学出版会。
永井健児（1972）『あゝ国民学校　敗戦・ある代用教員の記録』朝日新聞社。
長田三男・尾形利雄（1984）『占領下における我が国教育改革の研究』大空社。
長浜功（1979）『教育の戦争責任──教育学者の思想と行動』大原新生社。
日本教職員組合（1958）『日教組十年史』日本教職員組合。
ハーバーマス, J（2000）『近代　未完のプロジェクト』三島憲一編訳，岩波書店。
原芳男・中内敏夫（2013）「教育者の転向──東井義雄」『共同研究転向5　戦後編上』思想の科学研究会編，平凡社東洋文庫（初出は1962年）。
藤田省三（2013）「昭和二十年，昭和二十七年を中心とする転向の状況」『共同研究転向5　戦後編上』思想の科学研究会編，平凡社東洋文庫（初出は1962年）。
丸山眞男（2015）『超国家主義の論理と心理他八篇』岩波書店（初出は1946年）。
丸山恭司（2014）「道徳教育に期待するということ──善意の罠に陥らないために」『教師教育講座第7巻　道徳教育指導論』協同出版。
三浦綾子（1980）『道ありき〈青春篇〉』新潮社（初出は1969年）。
宮下重壽（1946）「全国の教員は単一組合に結集せよ！」『明かるい学校』民主主義教育研究会編。
森山真延（1977）『教職四十六年』自費出版。
文部省（1937）『国体の本義』文部省。
文部省（1941）『臣民の道』文部省。
山村良夫（1982）『追放の真相──教職追放者の手記』自費出版。
山本豊（2013）「温故知新　教育正常化運動の軌跡　第三回」全日教連教育新聞。
山本礼子（2007）『米国対日占領下における「教職追放」と教職適格審査』日本図書センター。
渡邉満・山口圭介・山口意友編著（2017）『新教科「道徳」の理論と実践』〈玉川大学教職専門シリーズ〉玉川大学出版部。
渡邉満・押谷由夫・渡邊隆信・小川哲哉編（2016）『「特別の教科　道徳」が担うグローバル化時代の道徳教育』〈シリーズ「特別の教科　道徳」を考えるⅠ〉北大路書房。

第8章

子どもの居場所と教員の道徳性

　2年前，38年間に及ぶ教員生活を終了した。担任をしていた頃を振り返ると，自分の指示に従わない子どもに腹を立てたり，苦手なことに一生懸命取り組む子どもを愛おしく思ったり……子どもたちとかかわる中で，様々な感情が湧きだし交錯していた自分が思い出される。

　本章では，そうした自分の体験や見聞きしたこと，そして教員に行ったインタビューから，児童の居場所と教員の道徳性について語ることとする。

1　子どもの居場所

　担任をしていたときミッションとして掲げていたのが，不登校傾向の子ども，場面緘黙（かんもく）の子どもなどを含むすべての子どもの居場所を教室の中につくることであった。つまり，学級は子どもが一日の大半を過ごす空間であり，「自己の存在を実感でき精神的に安心していることのできる場所」「児童生徒にとって，自己が大事にされている，認められている等の存在が実感でき，かつ精神的な充足が得られるところ」（文部科学省 2003）としている。つまり居場所でなくてはならないと考えていたからである。

　私が2017年度中国地方のある小学校で2〜6学年の子どもたちを対象に「学級の雰囲気と自己肯定感を把握する質問紙（C&S質問紙）」を使い子どもの状態を調査したところ，A領域（学級の雰囲気，自己肯定感ともに40以上の良好な状態の子どもがプロットされていると考えられる領域）に属する子どもは学校全体で40.2％，つまり半数にも満たないという結果が得られた。調査対象としたのが1校であるため，この結果だけで断言することは難

しいが，教室をすべての子どもたちにとって安心感・被受容感を感じる居場所にしていくのは，いずれの学級でもたやすいことではないと考える。

中でも教育界で今，特性への対応の難しさと教員の専門性の希薄さとが相まって，問題となっているのが，発達障害のある子どもたちである。

彼らは，負けたことを認めることが嫌でサッカーの試合をする度に友達といさかいを起こす，授業に退屈するとその所在のなさを紛らわすために友達を叩いたりする等の不適応行動をとり，そのことがきっかけとなり，時として学級の機能を失わせてしまうからである。担任から叱責を受けたり，周りの児童から疎まれたりしがちとなる彼らにとって，教室は安心感・被受容感が感じられる快適な空間，居場所とはなっていないと考えられる。

河村（2013）によれば，発達障害のある子どもの「学級満足度や意欲はとても低い状態」にあるとされ，渡邉（2006）も，「（発達障害のある子どもは）一般児童より学級適応感が低く，自己認知によっても，教師や級友たちとの対人関係や学習・集団活動についての肯定的な感情が低い」としている。

発達障害のある児童が学級の中で安心して過ごすことができるよう，居場所づくりにどう取り組んでいくのか，このことは，今，多くの担任が抱えている課題だと考える。

そこで，教員経験10～30年の経験豊かな教員を対象に，「発達障害のある児童及びその他の児童に対し，どのような日常的な配慮を行っていたか」「居心地のよい学級をつくるため，どのような学級経営を行っていたか」について質問し，その結果に基づき，「小学校教員の誰にでも居心地のよい学級づくりのプロセス」を作成した。

そこで，居場所と教員の道徳性について，次のような点が明らかになった。

2　子どもの居場所と教員の道徳性

（1）教員を変えてくれた出会い

時には担任が築き上げてきた，または築き上げようとする児童像や授業像を壊してしまう発達障害のある子どもを疎み，受け入れようとしない担任も中には存在する。

一方，発達障害のある子どもに振りまわされつつも，フィンクのいうショッ

ク,防衛的退行(混乱),解決努力というプロセスを経て徐々にその存在を受け入れていき,彼との出会いが自分を変えてくれた出会いとポジティブに受け止める担任も存在する。

①特性を知らないことから生まれる腹立たしい思い
　担任が発達障害のある子どもを受け入れがたい要因の一つに,その特性への理解が不十分なことも挙げられる。
　ある担任は,「その頃の私は発達障害についての知識がありませんでした。なんでみんなができることができんのんだろうと不思議で,いっぱい怒っていました」と述べ,みんなができることができないことへの不可解さ・納得しがたさが怒りへと発展したと述懐している。
　またある担任は,発達障害のある子どもが「(体操服の)縫い目の向きが違うので,気持ち悪い」といって脱いでしまうことを取り上げ,「(言っていることが私には)分からんかったんです」といくら言い聞かせてもそれに従おうとしない発達障害のある子どもへの苛立ちや焦燥感を述懐している。
　発達障害のある子どもの他の子どもとは異なる行動や感覚の過敏さは,わがままがもたらすものではなく,その特性から来るものである。それを知らない担任は,何とか他児と同様な行動をとらせようと指導を試みるが,それに従おうとしない彼らに腹立たしさを感じ,さらには怒りへと発展していくのである。
　発達障害の特性を知らないことが担任を追い詰めていくのである。

②よさに気づくことで生まれた子どもへの思い
　はじめは,苛立ちや焦燥感を覚えることも多かった発達障害のある子どもとのかかわりが,日々真剣に向き合ううちに担任の気持ちに変化が訪れる。
　ある担任は,「なんか私(この子たちのことが)好きだなあと思って。あの,なんだろうな。純粋な部分」とそのよさに気づくようになったと言う。そして,「ほんとにわざと言っているのではなく,わざと忘れているのではなく,本当に分からない。だから,しんどい思いをしている。だからそれを周りから言われても,なんのこっちゃ分からん。だから,その手立てをしてやらなくてはいけんね」という気持ちに変わっていき,過去の自分の対応について「悪かったなあと思って。ほんとにごめんなさいです」と詫びるとと

もに,「(自分を変えてくれた) あの子たちに会えてよかったと思いました」と述懐する。

　はじめは困り感をもたらした発達障害のある子どもの存在が,真摯に向き合う中でその良さに気づき,今まで持っていた自分の価値観を変える出会いになっていったと考える。

　春日 (1985) によれば,「自己受容は他者受容と密接な関係を持つ」とし,板津 (1994) は大学生を対象とした研究で,「自己受容的な人の特徴として他者に信頼・愛情を持った態度を取りやすい」ことを報告している。

　発達障害のある子どもの良さを発見し,その存在を受け入れていったこの担任は,マイナス面を含めた自己を受容することのできる存在であり,だからこそ学級経営に支障を及ぼすこともある発達障害のある子どもを受け入れることができたのではないかと考える。

　そして,自分の児童観,人間観をさらに深め,教員としての人間性を今まで以上に高めていったと推察する。

　「あの子たちに会えてよかったと思いました」というある担任の一言には,すべてを包み込む情の深さが込められていると考えられる。

(2) 子どもと教員で作る居心地のよい教室

　学校生活の基盤となるもの,それが学級である。子どもが安心感(西中 2014)や被受容感 (西中 2014) を感じる居心地のよい教室にするためには,担任の人間性とあわせて学級経営のスキルが必要となる。

①子どもと担任との約束づくり

　子どもたちが教室で安心して過ごすために必要となるのが,子どもと教員との約束,つまり学級のルールである。

　河村 (1999) は,ルールが定着していることで,学級内の対人関係のトラブルが減少し,児童生徒は傷つけられないという安心感の中で,友人との交流が促進されるとしている。

　子どもと担任との約束づくりは,子どもたちが教室内で安心して過ごすために必要な規律ある雰囲気づくりに向けての取組である。

　ある担任は,学級開きを行う4月に「友だちを大事にしない。やろうと決めたことをやらない。これ,先生の切れポイントだから……」と子どもたち

に学級のルールの大枠を提示し，そのうえでこのルールが何のために必要なのかを子どもたちにきちんと話して理解を求めていくと述べている。

その一方で，この担任は，「普段から全然関係ない場面で，（子どもたちに）いろんな話をします。ニュースの話とかテレビの話とか……。小学生がこんな事件にあっているのだけど，みんなはどう？とか……」と語り，日ごろから機会を捉えて自己開示を行っているとも述べている。

自己開示を行うことで，担任の考え方や価値観が子どもたちに徐々に浸透していくとともに，担任に対する親密感や共生意識が高まっていく。その結果，子どもとのすれ違いのリスクが減少し，担任の理想とする児童像の具現化へとつながっていくと考える。

②主役は子どもたちの学級づくり

学級の主役は，子どもである。ある担任の言葉を借りると，「子どもを出すということです。子どもを動かす。子どもが自分たちのクラスをつくる」ことである。これは，学級経営を行ううえでの原則である。

担任は，子どもたちが充実感を得ることができるように，子どもたちの裏方に回り，子どもたちが主役で活動できるよう動いていく。しかし，そこには，一定の枠組みが存在する。

ある担任が子どもたちに「そっから先はあなたたちがやりたい方法でやればいいよって」と伝えていたように，担任があらかじめ活動の枠をお膳立てし，その枠内で子どもに主体的かつ自由に動くことのできる場を提供していくのである。

理由がちゃんと言えるという枠の範囲内であるなら，「かかりの仕事以外の会社をつくります。会社はサークルなので，好きなときに作って，社員をどれだけ集めるのかも理由がちゃんと言えるなら，（どんな会社でも）いい。折り紙会社とかイベント会社とか……。なんか自分たちで決めて進んでいく」という言葉が示すように，子どもたちはその発想を大きくかつ自由に膨らませていくことができる。

担任が作った枠組みがあるから，その中で子どもたちは安心して，生き生きと主役を演じることができるのである。

③子ども同士の絆づくり

　被受容感をはぐくむ一助となるのが，子ども同士の絆づくりである。

　被受容感とは，自分は他者からそれなりに大切にされている」という認識と情緒を指し，他者との関係の中で育まれていくものである。とすれば，子どもたちの被受容感は，子ども同士が互いに気になる関係を作っていく中で醸成されていくと考える。

　子ども同士が気になる関係を具体化したのが，ある担任が語った「クラスの中で誰かが困っていたら，ほっとかない！　なんか問題がおきたら，みんなが寄り集まって，こうじゃないといって話ができる。知らん顔をする人がいない！　話ができん子がいたら，「こっちへおいでや」と声がかけられる。なんか子ども同士が，お互いが気になる！」といった関係である。

　そうした関係づくりに向け，誰かが問題を起こしたり巻き込まれたりしたとき，当事者の子どもの問題として片づけるのではなく，みんなの問題として考えていくよう担任が子どもたちを導くのである。

　たとえば，問題を起こしたある子どもを叱責する際にも「その子のことをみんなの前でわあっと言いながらぱっと（みんなの方を向き，）「自分らはできるん？ここで時間をとっているということは，みんなに考えてもらいたいからだけど，聞いているよね」と言って，この子だけ特別怒っているわけじゃあないよというのを公開でやっています」というようにA君だけの問題ではなく，自分たちも関係しているということを意識づけていくのである。

　また，「給食を全員が時間内に食べる」などの具体的な目標を掲げ，互いのことを気遣いながら一致団結して取り組んでいくことも，互いに気になる関係を作る一つの方策である。

　子ども同士が互いに気になる関係になり，学級が一つの目標に向かって取り組んでいくことで，子ども同士の絆が紡がれていき，クラスの一体化へとつながっていくと考える。

④子ども同士を結ぶ懸け橋づくり

　発達障害のある子どもは周りから受け入れてもらえにくい特性を持っている。

　そうした子どもが学級の中で浮いてしまわぬようにするには，担任が他の子どもとの懸け橋になることが求められる。

ある担任は，「グループの音読練習のとき，Nさん，外にいるねえ。廊下でやる？　とか言って，この班だけ廊下でやったりとか……。周りの子たちが見て，（Nさんが外にいるのが）なんか当たり前だなあとなるのを待っていました」と語り，担任がNさんの教室に入るまで時間がかかるという特性を普通のことのように受け入れ，Nさんが教室に入ることができるまで待つのが当然だという雰囲気を醸成している。その結果，周りの子どもたちは担任のNさんの特性への配慮を当たり前のこととしてとらえ，自分たちもNさんへの配慮を徐々に行うようになっていく。
　担任が発達障害のある子どもへのかかわり方のモデルを示し，周りの子どもへもそのモデルを波及させていくのである。
　以上のことをまとめると，「子どもと教員との約束づくり」を通して教師と子どもの上下関係を，「主役は子どもたちの学級づくり」，「子ども同士の絆づくり」を通して子ども同士の水平関係を確立し，「子ども同士を結ぶ懸け橋づくり」に配慮しつつ学級経営を行っていたと考える。

(3) 中学校に続く仲間意識

　6学年の子どもたちにとって，中学校は大きな期待の中に一抹の不安を感じる未知の世界だと考える。しかし，新規場面に弱く，新しい環境になじむまでかなりの時間を要す発達障害の子どもにとって，中学校という未知の世界は，希望よりむしろ不安を抱くものとなりがちである。
　そうした状況を憂慮したある担任は，子ども同士が互いに支えあう居心地の良い学級を「先生がつくるんじゃなくて，子どもがつくるように，1年間の中で耕していて，私がいなくても子どもが支えられるようしておく」取組を行っていた。
　子ども同士が支えあう学級とは，「(何かあったとき，)関係ないわあ，あの人は……というふうな状態にはすまい」という学級であり，さらに言うなら，「中学校に行ったときに，「この人どうなん」と（知らない誰かが）言ったときに，「この人はそういうふうに考えているんよ」と誰かがいってくれる。「知っとる，知っとる。この子，そういう子なんだよ」というふうに誰かがかばってくれる」学級でもある。
　担任の互いをかばいあえる関係であってほしいという思いが，1年間かけて子どもたちの心に浸透していき，中学校で仲間の誰かが，周りから孤立し

たり，非難を受けたりしたときに，さりげなくフォローできる関係へと発展していく。

　中学校という未知の世界で，孤立無援の状況下で絶望感を感じたとき，声高に援護したり，応援したりしてくれなくても，さりげなくフォローしてくれる存在が一人でもいることが，子どもを勇気づけ，明日への活力を生み出してくれると考える。

　中学校に続く仲間意識は，中学校という一番身近な未来において，発達障害のある子どもを含むすべての子どもたちに居心地のよい環境をもたらしてくれるのである。

(4) 教員としての人間性

　教員は子どもたちの人格形成にかかわる者であるため，人間力は教員のコンピテンシーとして極めて重要な要素だと考えられる。

　①専門家として冷静に子どもを観る力
　専門職として冷静に子どもを観る力は「知」の側面となる。
　「知」とは，必要な知識を得てそれを活用したり，物事を考えたりする能力である。
　たとえば，ある担任は，友達と喧嘩して教室を飛び出して運動場を歩いている子どもを非難する他の子どもに対し，「今多分爆発してもいけないという思いがあるから，自分の気持ちを整理しているんだと思うから，もう少ししたら（教室に）必ず入ってくるから。じゃけえ，待ってあげて」と語っている。
　そこには，教室から飛び出した子どもが運動場をずっと歩いている理由を「知」の側面から冷静に見て考える「知」の力が働いていると考えられる。

　②どの子も大切だと感じる包み込む力
　どの子も大切だと感じる包み込む力は，「情」「情動」の側面となる。
　教室には，不満を持っている子，目立たない子など様々な子どもが存在する。そうした子どもたちに対し，担任は，「私も愛されていると思うように，日々声掛けをしています」と語っている。
　そこには，「みんなかわいいですよね」という言葉に象徴される担任のど

の子も大切だと感じる包み込む力が働いていると考える。

③専門家として適切に子どもを見極める力
　専門職として適切に子どもを見極める力は「意」の側面となる。
　ある担任は，「(Y君は,) とにかく書くことがしんどい人なんで。でも，漢字はやらせていましたよ。漢字は書いてくるだけなんですよ。できないことじゃないからやるって私がY君に言いました」と語っている。その言葉には，子どものできることとできないことを適切に見極める「意」の側面の働きが感じられる。
　この見極めに求められるのが，日々の観察である。「子どもたちをすごく観る。表情とか，漏れ聞こえてくる話とか，言葉とか，日記とか……」という土台があって，はじめて子どもを適切に見極めることが可能となる。
　以上，専門家として冷静に子どもを観る力という「知」の側面，どの子も大切だと感じる包み込む力という「情」の側面，専門家として適切に子どもを見極める力という「意」の側面について述べてきた。
　重要なのは，教員はこの「知」「情」「意」というバランスをうまくとりつつ，子どもにかかわっていくことである。
　発達障害のある子どもに過度に感情移入しすぎると，情に溺れてしまい，知や意に傾きすぎると，教育者ではなく傍観者となってしまう。今，教員に求められているのは，関与しながらの観察，子どもを受容しつつ，ときどき客観的な観察を行っていくというバランスのとれた姿勢だと考える。

④心の余裕が生み出す受け入れる力
　知情意の範疇には含まれないが，心の余裕が生み出す受け入れる力は，発達障害のある子どもを受容する重要な側面だと考える。
　具体的には，授業への集中力に欠けていたためあくびをした子どもに対し，叱責ではなくユーモアで返す中で授業への意欲喚起を図っていく機転や，規律を守りにくい発達障害のある子どもが少々規律から逸脱した行動をとっても許される範囲の行動がとれたらいいと，それを受け入れる鷹揚（おうよう）さやおおらかさがこれに該当すると考えられる。
　今学校現場は，規律を尊重する傾向が強まりつつある。しかし，こうした傾向は，集団行動がとりにくく叱責を受ける回数が多くなりがちな発達障害

のある子どもの居場所をますます狭くしていると考えられる。そうした意味で，心の余裕が生み出す受け入れる力から紡ぎ出される担任のおおらかさや機転は，発達障害のある子どもの居場所をつくり出すうえで重要な側面になると考えられる。

⑤卒業後も子どもたちを想い続ける力

学校現場にいるとき胸を痛めたのが，発達障害のある子どもの保護者の方が呟かれる，「この子，（これから先）どうなるんじゃろう」という言葉である。授業に参加できない，トラブルを起こし他児にけがを負わせる，担任に暴言を吐いたり暴力を振るったりする。そういったわが子に暗鬱たる思いを抱いている保護者もおられた。

そうした保護者に一筋の光明となったのが，担任の卒業後も子どもたちを想い続ける力である。

ある担任は，「この先生のところにいる間は大丈夫ではなく，この人たちといれば大丈夫というのをつくっておいて，それが移動しても大丈夫のようにしておくというのが私の想いです」と語り，その理由を「先生はあなたの人生の一点だけど，あなたたちはこの友達関係が続いていくから，そのことを踏まえて考えることができていたらいいよね」と説明している。

こうした言葉から，担任が中学校というちょっと先を考えて，仲間意識を育てようと取り組んでいる様子が見て取れる。

小沢（2002）によれば，居場所の構造は，時間，空間，及び人間の要因で成り立っていて，3者は並列的ではなく，人の関係が基盤となり，そこに時間・空間の要因が入るとしている。このことから，居場所づくりで一番重要なのは，人との関係づくりだと考える。

教室という枠の中での仲間意識が，担任の言葉を借りれば分子のように中学校にとんでいき，そこでも発達障害をはじめとするすべての子どもたちにとって居心地のよい環境をつくりだしていく。つまり，仲間意識を育てることが，ちょっとだけ先の中学校へと続くすべての子どもたちの居場所の確保へとつながっていくと考えられる。

そこに流れているのは，受け持った子どもたちが自分の手を離れて巣立っていってからも幸せであってほしいという担任の慈愛に満ちた心だと考える。

以上のことから，発達障害のある児童との出会いが自分を変えてくれた出

会いと捉えることのできる担任としての人間力の大きさが根幹になって，担任と子どもでつくる居心地のよい教室が構築され，中学校へ続く仲間意識を育んでいくと考える。

つまり，担任の人間力つまり道徳性が居心地のよい教室をつくりだしていくと考えられる。

押谷（2016）は自著の中で，天野の言葉を引用し，「よい人間がよい環境をつくる」と述べている。まさに道徳性の高い教員が，誰にとっても安堵感・安心感のある居心地のよい環境をつくるのだと実感する。

3　教職の道

子どもたちを教えることを職務とする教員に求められるのが道徳性だと考える。

教員という任務は，子どもたちの人生に大きな影響を与えるものだからである。それゆえに，授業等に必要な諸々の知識や技術だけでなく，豊かな人間性，換言すれば道徳性が求められるのである。

しかし，学級王国という言葉もあるように，一国一城の主である担任は，ともすればワンマン経営に陥ってしまう危険性を大いに秘めている。しかも，小学校教員の教える対象は自分と大きく年齢が開いた年下の子どもたちである。そのため，うまくいかない原因を「子どもが悪い」などと責任転嫁してしまいがちである。そうならないためには，自分の言動を振り返る勇気と，失敗は自分が蒔いた種だと認め，その非を受け止める謙虚さが必要だと考える。

中田（2014）は，「教員は自ら学び続ける存在でなければならない」と述べている。つまり，教える人である教員は，教える人である自分の立場を自覚し，自分の言動を振り返り，非を認める謙虚さを持ちながら，自分を磨き続けることが求められるのである。

自戒を込め，かつ恥をしのんで言うならば，教える人としての私を育てていくのはほかならぬ自分自身であることを自覚し，日々子どもたちに接していくことが求められる存在，それが教員なのだとしみじみ思う。

なぜ，私がそのように思うか。それは，私が30代の頃，受け持った高学年の子どもたちへの贖罪の気持ちを引きずっているからである。

その頃の私は，研究主任という大役を若くして任され，自校の研究に関する文献を読むことに精いっぱいで教材研究がほとんどできず，いつもいい加減な授業でお茶を濁していた。その結果，授業中私語やノートに落書きをする者が目立つようになり，挙手する者がいなくなってしまった。教材研究不足が招いた結果であったが，私は子どもたちに責任を転嫁し，叱責を繰り返していた。

　「なぜ，クラスが落ち着かないのか」「なぜこの子たちは，私の指示に従おうとしないのか」，その要因を考えようとせず，厳しく叱責することで学級としての機能を回復させようとしていたのである。叱責という安易な方法で問題の解決を図ろうとした思慮のなさ，自分の勉強不足を棚に上げ授業がうまくいかない原因を子どものせいにした安易さ。つまり，自分自身を顧みることを放棄していたのである。

　加えて，教員は，感情労働を伴う職業，ホックシールドが引用したパルスミスの言葉を借りるならば，「明るく親切でしかも安全な場所でお世話されていると他者に感じてもらえるような外形を保つために感情を出したり抑えたりする」職業でもある。

　そうした意味でも，教員には自分のイライラ感や焦燥感に牛耳られ，不適応行動を起こした子どもに対し理不尽な叱責をしないよう，自分を律していくことのできる道徳性の高さが求められると考える。

　では，こうした道徳性は，教職についた頃から備わっているものであろうか。

　自分を振り返るに，初任の頃の私は，子どもが指示に従わないことに悩み，時には学年主任の先生の力を借りて，子どもを叱責してもらうことさえあった。保護者が話し合いの場で私の指導について意見を求めてきた際には，その場から逃げ出したい思いでいっぱいだった。

　子どもたちの未来を担う覚悟はなく，学級経営がうまくいかない要因がどこにあるのか，自分の言動を振り返る勇気もなかったように思う。

　自分の言動や方針が，子どもたちに及ぼす影響にようやく気づき，「自分が教師としてどうあるべきか」考えるようになったのは，ある程度余裕が生まれた40代になってからだと思う。

　子どもの道徳観は生まれつき備わっているものではなく，家庭や社会環境の中で様々な影響を受けながら学習形成されていく。このことは，教員にも

あてはまると考える。

　私の道徳性が私なりに深まっていったのは，教員同士の交流，研究サークルの仲間，何より子どもからの「意味わからん」「納得いかん」などの生の声や言動が影響していると考える。道徳性は，子どもと向き合い，真摯に努力する中で育まれていくものだと考える。

　本章のタイトルは，「子どもの居場所と教師の道徳性」である。にもかかわらず，私は本章の中で教員という言葉を使用してきた。

　教員というのは，「学校で児童・生徒・学生を教育する職務についている人」を指し，教師というのは，教え導く人，道徳性を有す人格者を指していると考える。「教員」が法令用語として学校教師を指していることはいうまでもない。

　井上靖は，あすなろ物語という作品の中で，冴子という登場人物に，主人公の鮎太に向かって「あすなろは檜になろう，あすは檜になろうと一生懸命考えている木よ。でも，永久に檜にはなれないんだって！」と語らせている。

　このことは，教員が教師になろうと日々精進していくところと相通じるところがあると考える。

　大事なのは，自分の未熟さを常に意識し，それを埋めようと努力する姿勢なのだと考える。

（山下　純子）

〈引用文献〉

阿部利彦（2006）『発達障害をもつ子の「いいところ応援計画」』ぶどう社。

Fink, S. L.（1973）*Crisis and Motivation : A Theoretical Model*, Cleverland, Ohio : Case Western Reserve University.

板津裕己（1994）「自己受容感と対人態度との関わりについて」『教育心理学研究』42, 1, pp.86-94.

春日由美（2015）「自己受容とその測定に関する一研究」『南九州大学人間発達研究』5, pp.19-23.

河村茂雄（1999）『学級崩壊に学ぶ――崩壊のメカニズムを絶つ教師の知識と技術』誠信書房。

河村茂雄・粕谷貴志・武藤由佳（2013）『Q-Uによる特別支援教育を充実させる学級経営』図書文化社。

中田正浩（2017）『人間教育を視点とした教職入門』大学教育出版。

西中華子（2014）「心理学的観点および学校教育的観点から検討した小学生の居場所感――小学生の居場所感の構造と学年差及び性差」『発達心理学研究』25, 4, pp.466-476.

押谷由夫（2016）『道徳教育の理念と実践』放送大学教育振興会。
小沢一仁（2002）「居場所とアイデンティティを現象学的アプローチによって捉える試み」『東京工芸大学工学部人文・社会編』25（2），pp.30-40.
パルスミス（2004）『感情労働としての看護』ゆるみ出版。
上野光作・中村勝二（2011）「インクルージョン教育に対する通常学級教員の意識について」『順天堂スポーツ健康科学研究』3（2），pp.112-117.
渡邉千絵（2006）『担任により援助ニーズが大きいととらえられた児童の学級適応に関する研究』兵庫教育大学修士論文（未公刊）。

第9章

新学習指導要領から捉えた高等学校における道徳教育論

1 はじめに

　高等学校には，道徳という教科・科目はない。しかし，文部科学省は，高等学校学習指導要領の改訂のポイントの中の教育内容の主な改善事項として，道徳教育の充実を挙げている。小学校では，平成30年度より，中学校では，平成31年度より，道徳の特別教科化が先行実施される中で，高等学校だけ何もやらなくてよいはずはない。各教科・科目や総合的な探求の時間及び特別活動の中で，道徳教育を行うことは十分可能であり，また，そうするように総則の中に書かれている。筆者は外国語科（英語）の教師なので，英語の授業の中で，いかに道徳教育を行うことができるのか，という一例を以下で述べたい。

2 新学習指導要領における道徳教育の記述

　それでは，最初に，新学習指導要領の中で，道徳教育はどのように行われるべきであると書かれているかを見てみたい。

(1) 道徳教育の目標
　道徳教育の目標については，第1章総則第1款2の(2)の中で，以下のように述べられている。

> 　道徳教育は，教育基本法及び学校教育法に定められた教育の根本精神に基づき，生徒が自己探求と自己実現に努め国家・社会の一員としての自覚に基づき行動しうる発達の段階にあることを考慮し，人間としての在り方生き方を考え，主体的な判断の下に行動し，自立した人間として他者と共によりよく生きるための基盤となる道徳性を養うことを目標とすること。

非常に簡潔に書かれているが，今回の改訂のキーワードの一つである，「主体的」という言葉が用いられており，今回の改訂が，「教科等横断的な視点に立った」ものであることがわかる。また，「他者と共に」という言葉とともに，主体性を持って，多様な人々と「協働」して学んでいく態度を育成することを求めている今回の改訂の趣旨に合致したものといえる。

(2) 道徳教育を行う教科・科目等

　道徳教育はどの教科・科目等で行うべきであろうか。第1章第1款2の(2)の中で，以下のように述べられている。

> 　学校における道徳教育は，人間としての在り方生き方に関する教育を学校の教育活動全体を通じて行うことによりその充実を図るものとし，各教科に属する科目（以下「各教科・科目」という。），総合的な探求の時間及び特別活動（以下「各教科・科目等」という。）のそれぞれの特質に応じて，適切な指導を行うこと。

「はじめに」でも述べたとおり，高等学校には，道徳という教科・科目はないが，新学習指導要領では，あらゆる教科・科目等で，道徳教育を行うように書かれている。したがって，各教科・科目等で，どういったことができるのかということを，科会・分掌会・職員会議等で話し合い，学校全体の方針を決めなければならないのである。

(3) 道徳教育を進めるにあたっての留意事項

　道徳教育を進めるにあたっての留意事項も，第1章第1款2の(2)の中で，以下のように述べられている。

> 　道徳教育を進めるに当たっては，人間尊重の精神と生命に対する畏敬の念を家庭，学校，その他社会における具体的な生活の中に生かし，豊かな心をもち，伝統と文化を尊重し，それらを育んできた我が国と郷土を愛し，個性豊かな文化の創造を図るとともに，平和で民主的な国家及び社会の形成者として，公共の精神を尊び，社会及び国家の発展に努め，他国を尊重し，国際社会の平和と発展や環境の保全に貢献し，未来を拓く主体性のある日本人の育成に資することとなるように特に留意すること。

　道徳教育の目標を達成するためのいろいろな条件を示しながら，目標と同じく，「主体性」のある日本人の育成を留意事項に挙げている。今回の改訂の大きなポイントといえよう。

(4) 道徳教育に関する配慮事項

　今回の改訂で，高等学校には道徳は教科として入らなかったが，第1章第7款が新設され，小・中学校と同様に道徳教育を進めるにあたっての配慮事項が示されている。4点示されているが，ポイントとなるのは1点目であると考えられる。1点目は，道徳教育の指導体制と指導計画に分けられる。

　①道徳教育の指導体制
　道徳教育の指導体制に関しては，以下のように述べられている。

> 　各学校においては，第1章第1款2の(2)に示す道徳教育の目標を踏まえ，道徳教育の全体計画を作成し，校長の方針の下に，道徳教育の推進を主に担当する教師（「道徳教育推進教師」という。）を中心に，全教師が協力して道徳教育を展開すること。

　「第1章第1款2の(2)に示す道徳教育の目標を踏まえ」ということは，**2 (2)** で述べたとおり，学校における道徳教育は，学校の教育活動全体を通じて行うものであるということである。道徳教育を学校の教育全体を通じて行うものと考えていることは，現行の指導要領とも同じである。

また，今回の改訂では，「校長の方針の下」という文言が入っている。これは，校長が指導力を発揮して，道徳教育の基本方針を全教師に明確に示すことを要求している。
　さらに，今回の改訂で新たに位置づけられた「道徳教育推進教師」の役割が重要である。「道徳教育推進教師」がどのような役割を果たすのかということを，各学校は十分に検討する必要がある。そのうえで，どのような教師を何名程度「道徳教育推進教師」に任命するのかということも非常に重要になってくる。
　担当となった教師は，新たな位置づけゆえに，悩みも多いことと思われるので，全教員の協力体制が不可欠である。また，研修体制の充実や，他校との交流も大切である。

②道徳教育の全体計画
　道徳教育の全体計画については，2の後半部分で以下のように述べられている。

> なお，道徳教育の全体計画の作成に当たっては，生徒や学校の実態に応じ，指導の方針や重点を明らかにして，各教科・科目等との関係を明らかにすること。その際，公民科の「公共」及び「倫理」並びに特別活動が，人間としての在り方生き方に関する中核的な指導の場面であることに配慮すること。

　まず，道徳教育の全体計画は，**2(4)**①で述べたように，校長が明確な方針を示して，その方針の下，「道徳教育推進教師」が中心となって，全教師の協力により作成されるものである。その際に，「生徒や学校の実態に応じ」という文言が重要で，各学校や生徒の実態に応じて，「重点的指導」を行う内容を決める必要がある。
　また，今回の改訂で新設された公民科の「公共」及び「倫理」と，特別活動が，「人間としての在り方生き方に関する中核的な指導の場面である」ということが明記されている。公民科の「公共」及び「倫理」は，今回新設された科目であることから，年間指導計画を立てる際に苦労することが予想されるが，道徳教育の全体計画が先に作成されていれば，そのよりどころとな

る。

　さらに，道徳教育の全体計画が先に作成され，それを全教師が共有していれば，各教科・科目の指導においても，一定の方向性がもたらされるものと期待される。

(5) 各教科・科目等における道徳教育

　各教科・科目等における道徳教育は，**2**(2)で述べたように，学校の教育活動全体を通じて，それぞれの特質に応じて適切に行うものである。そこで，ここでは，筆者の専門である外国語（英語）科の中に，どのような道徳教育に関連する記述があるかを見てみたい。

　高等学習指導要領第2章第8節第1款目標の(3)に以下の記述がある。

> 　外国語の背景にある文化に対する理解を深め，聞き手，読み手，話し手，書き手に配慮しながら，主体的，自律的に外国語を用いてコミュニケーションを図ろうとする態度を養う。

　「外国語の背景にある文化に対する理解を深め」るという記述は，中学校学習指導要領第3章第2内容の「C 主として集団や社会との関わりに関すること」の中の以下の記述と関連がある。

> ［国際理解，国際貢献］
> 　世界の中の日本人としての自覚をもち，他国を尊重し，国際的視野に立って，世界の平和と人類の発展に寄与すること。

　また，「聞き手，読み手，話し手，書き手に配慮」するという記述は，中学校学習指導要領第3章第2内容の「B 主として人との関わりに関すること」の中の以下の記述と関連がある。

> ［相互理解，寛容］
> 　自分の考えを相手に伝えるとともに，それぞれの個性や立場を尊重し，いろいろなものの見方や考え方があることを理解し，寛容の心をもって謙虚に他に学び，自らを高めていくこと。

また,「外国語の背景にある文化に対する理解を深め」るという記述と同様に,中学校学習指導要領第3章第2内容の「C 主として集団や社会との関わりに関すること」の中の［国際理解,国際貢献］での記述にも通じるものがある。
　さらに,上記の外国語の目標の両方の記述は,2(3)で述べた,道徳教育を進めるにあたっての留意事項にも関連がある。
　以上のことを裏づけるものとして,『高等学校学習指導要領解説　総則編』の「第8章　道徳教育推進上の配慮事項　第1節　道徳教育の指導体制と全体計画　2　道徳教育全体計画（第1章総則第7款1後段）(2)各教科・科目における人間としての在り方生き方に関する教育　キ　外国語科」の中で以下のように述べられている。

　外国語科においては,第1款の目標(3)として「外国語の背景にある文化に対する理解を深め,聞き手,読み手,話し手,書き手に配慮しながら,主体的,自律的に外国語を用いてコミュニケーションを図ろうとする態度を養う」と示している。「外国語の背景にある文化に対する理解を深め」ることは,世界の中の日本人としての自覚をもち,国際的視野に立って,世界の平和と人類の幸福に貢献することにつながるものである。また,「聞き手,読み手,話し手,書き手に配慮」することは,外国語学習を通して,他者を配慮し受け入れる寛容の精神や平和・国際貢献などの精神を獲得し,多面的思考ができるような人材を育てることにつながる。

　この記述とまったく同じことが,『高等学校学習指導要領解説　外国語編・英語編』の「第1部　外国語編　第3章　英語に関する各科目にわたる指導計画の作成と内容の取扱い　第4節　総則関連事項　1　道徳教育との関連（第1章総則第1款2(2)の2段目）」にも書かれている。
　以上のように,外国語科においても,教科の特質に応じた道徳教育が行われるような記述がなされており,それを全教師がきちんと読み取って,指導に活かす必要がある。

3　英語の授業の中での道徳教育の実践可能例

2では，新学習指導要領における道徳教育の記述を概観してきたが，これからは，実際の授業の中で，道徳教育をどのように行うことができるのかということを考察したい。

(1) 教材

今現在，新学習指導要領に基づいた教科書はまだ出版されていないので，現行の学習指導要領に基づいた教科書を用いることにする。

教材は開隆堂出版から出されている *Revised ENGLISH NOW English Communication I* のReading 1のThe Cracked Pot（ひび割れつぼ）(pp.72-75) である。この教科書は，英語を苦手とする生徒でも興味・関心を持って読み進めてもらえるような工夫が随所に施されている。題材に関しては，Lesson 1〜Lesson 9まで，生徒が興味を持って読み進めることができるものを揃え，Reading 1とReading 2で，少し生徒に考えさせるようなものを入れている。

教材の内容は以下のとおりである。

1 その昔，インドに水汲み人がいて，2つの大きなつぼを持っていた。彼は川から主人の家まで，水をそのつぼに入れて運んでいた。2つのつぼの一方には大きなひびが入っていて，主人の家に着く頃には，いつも，半分空になっていた。ひび割れつぼは，自分が半分しか仕事ができていなかったので，自分自身のことを恥じていた。もう一方のつぼには何のひびも入っていなかったので，一滴もこぼすことはなかった。完璧なつぼは，仕事を完璧にすることができたので，自分自身のことをいつも誇りに思っていた。

2 2年が過ぎた。ある日，ひび割れつぼは水汲み人に話しかけた。「私はあなたに本当に申し訳なく思っています。」「なぜ，そのように思っているの？」と水汲み人は尋ねた。「ここ2年間，あなたのご主人様の家に着く前に，私の中にある水の半分を失ってしまいました。」とひび割れつぼは言った。「しかし，私のご主人様の家までの途中の道のわきに

咲いている花を見てごらんよ。」と水汲み人は優しく言った。水汲み人が丘を登っていくときに，ひび割れつぼはその花を見た。すると，水汲み人は，「花が君の側にしか咲いていないことがわかった？　私は水が君から漏れていることに気づいたんだよ。そこで，私は，そこに花の種を植えたんだ。すると，毎日，側から帰る途中，君はその種に水をまいてくれたんだ。君のひびのおかげで，私は，毎日，ご主人様の食卓に新鮮な花を置けているんだよ。」

英語は，苦手な生徒にも読みやすいようなものになっているが，内容的には，生徒に考えさせるものとなっている。

(2) 指導手順

指導手順としては，大まかにいえば，当然ながら，英語の教材であるので，まずは，読みに入る前に，本文の内容に関わる背景知識を活性化させたり，話の筋道を予測させたりして，本文を読むことへの興味・関心を引き出す。そのうえで，単語や熟語の発音や意味の確認や内容の概要・要点の把握，その課の文法事項の理解をさせる。その際に，登場人物の言動やその理由などを本文に即して把握させたり，学んだ文法事項を実際に使わせて，言語活動を行わせたりすることが大切である。そうしたことが終わってから，実際に音読する活動を，個人やペア，グループ，クラス全体で行わせる。

ここまでは，道徳教育が入り込む隙間はない。しかし，ここからが，道徳教育を英語の授業に入れる機会が十分にあるといえる。従来は，英語を読むことというと，前段までの内容で終わってしまう授業が散見されたが，現行の学習指導要領では，たとえば，「第2　コミュニケーション英語Ⅰ　2　内容　ウ」では以下のように書かれている。

聞いたり読んだりしたこと，学んだことや経験したことに基づき，情報や考えなどについて，話し合ったり意見の交換をしたりする。

また，同じくコミュニケーション英語Ⅰの「2　内容　エ」では以下のように書かれている。

> 聞いたり読んだりしたこと，学んだことや経験したことに基づき，情報や考えなどについて，簡単に書く。

　すなわち，読んだ本文を音読することで終わらせるのではなく，読んだ内容や，他教科で学んだ内容，さらには，授業以外で学校や家庭などにおける日常生活の中で学んだり経験したりしたことを基にして，話し合ったり，意見の交換をしたり，書いたりすることを必要としているのである。
　新学習指導要領では，現行のものと趣旨としては同じで，統合的な言語活動をするように要求しているが，さらに一歩進めたものとなっている。「第1　英語コミュニケーションⅠ　2　内容〔思考力，判断力，表現力等〕(2)　イ」では以下のように書かれている。

> 日常的な話題や社会的な話題について，英語を聞いたり読んだりして得られた情報や考えなどを活用しながら，話したり書いたりして情報や自分自身の考えなどを適切に表現すること。

　現行の学習指導要領では，「聞いたり読んだりしたこと，学んだことや経験したことに基づき」とあるが，新学習指導要領では，「英語を聞いたり読んだりして得られた情報や考えなどを活用しながら」となっている。すなわち，現行では，聞いたり読んだりした内容に関する感想や意見などを言わせることを主眼としている。それに対して，新では，聞いたり読んだりした内容に基づいて，自分の感想や意見を言わせるだけではなく，本文に出ていた情報や表現などを吟味して，自分の意見表明がより効果的にできるように工夫することを要求している。
　『高等学校学習指導要領解説　外国語編・英語編』の「第1部　外国語編　第2章　外国語科の各科目　第2節　英語コミュニケーションⅠ　2　内容〔思考力，判断力，表現力等〕(2)　イ」の解説にも以下のように書かれている。まず，前段では，

> この事項では，聞いたり読んだりする受容面での活動を受け，得られた情報や考えを話したり書いたりする発信面での活動へと結びつけていき，五つの領域が密接に結び付いた英語使用ができるような力を育成す

> る必要があると述べている。すなわち、統合的な言語活動の中で、聞いたり読んだりして得られた情報や表現を整理・吟味し、話したり書いたりするために活用することを通して、聞いたり読んだりして得た情報のうち、どの情報を取り上げるのか、また、どの表現が話したり書いたりする上で活用できるかについて考えさせることが重要であることを示している。

とあり、「統合的な活動」と「活用」という今回の改訂のポイントが示されている。さらに、後段では、

> 英語を聞いたり読んだりして得られた情報や考えなどを活用しながら、話したり書いたりして情報や考えなどを適切に表現するとは、聞いたり読んだりして得た事実や情報、意見などに基づいて自分の考えをまとめたり、表現をより効果的に工夫したりすることによって、自らの情報や考えを表現することを意味する。適切に表現するとは、コミュニケーションの目的や場面、状況に応ずるとともに、相手の状況や場面に応じた適切な表現形式などに留意して発信することを意味する。

とあり、「より効果的に工夫」することが求められている。

　そのうえ、現行では、「話し合ったり意見の交換をしたりする」とか、「簡単に書く」といった表現が用いられており、基本的かつ統合的な活動を目的としているが、新では、「適切に表現すること」とあり、上述の新学習指導要領解説にあるとおり、「コミュニケーションの目的や場面、状況に応ずるとともに、相手の状況や場面に応じた適切な表現形式などに留意して発信すること」が求められている。

　以上のような状況から、指導としては、まずは、読んで得た事実や情報に基づいて、生徒に自分の意見をまとめさせる。その際に、本文にあるどの表現を使えば自分の意見を伝えることができるかを考えさせるだけではなく、自分の意見を表現するのにより効果的な言い方はどのような表現かを考えるようにさせる。そして、その後で、実際に、自分の意見などを話したり書いたりさせる。さらに、それで終わりにしないで、本文の内容に関連する別の話題・情報を提供して、それに関して、自分の意見などを言わせたい。ここ

で，道徳教育を行う機会が生まれる。

(3) 道徳教育の実践例
　それでは，どのような道徳教育が可能であるかということを，今回示した教材から考えてみたい。

　①教材の内容で道徳教育に活用可能な個所の選定
　実際に指導をした教材の中で，どの個所が道徳教育に用いることが可能なのかということを考えることが非常に重要になる。そこで，今回提示した教材の内容で，どの個所が道徳教育に用いることが可能なのかということを例として示してみよう。
　今回の教材では，以下の内容が道徳教育に用いることができると考えられる。

　　　　ひび割れつぼが水汲み人に，自分のひびのために，完璧なつぼの半分しか仕事をしていないことを恥じ謝った。しかし，水汲み人は，ひび割れつぼに優しく，水がひびから漏れていることに気づいたので，花の種を植えた。ひびから漏れた水のおかげで，毎日，ご主人様の食卓に新鮮な花を置けていると言った。

　②教材に関連した内容
　今回の教材の内容では，ひび割れつぼが，自分のひびを恥じている。ひびを自分の短所と考えて，自分の短所を恥じることに対する議論ができる。また，とかく，短所は責められがちなので，その点に関しても議論ができる。さらに，ひびから水漏れがあることに気づいた水汲み人が花の種を植えたが，そのことを，短所を長所に変える，あるいは，短所を活かすと考えて，兄弟や仲間，先輩・後輩などとの人間関係において，あるいは，自分が親や教師などの立場にあるとして，その場合に，自分の教え子や子どもなどとの人間関係において，どのようにその子の短所に対処したらよいかということを議論することも可能といえよう。

　③高等学校学習指導要領解説の道徳教育推進上の配慮事項との関連
　2(5)の各教科・科目等における道徳教育で述べたとおり，高等学校学習

指導要領解説の道徳教育推進上の配慮事項の中で,

> 「外国語の背景にある文化に対する理解を深め」ることは,世界の中の日本人としての自覚をもち,国際的視野に立って,世界の平和と人類の幸福に貢献することにつながるものである。また,「聞き手,読み手,話し手,書き手に配慮」することは,外国語学習を通して,他者を配慮し受け入れる寛容の精神や平和・国際貢献などの精神を獲得し,多面的思考ができるような人材を育てることにつながる。

とある。このひび割れつぼの話は,今回の場合は,インドを舞台としているが,中国を舞台としている話もある。「国際的視野」ということになると,とかく,英米,もしくは,欧米という発想になりがちであるが,この話は,そういう地域以外の話ということで,まさに,「国際的視野」を養うのにぴったりの教材といえよう。

さらに,水汲み人は,ひび割れという短所を責めるのではなく,短所を長所に変えるという発想で対処したことは,「他者を配慮し受け入れる寛容の精神」につながるものと考えられる。

4 おわりに

高等学校における道徳教育のあり方を見てきた。前述のとおり,高等学校には道徳という教科・科目はない。しかし,各教科・科目等において,道徳教育を学校の教育活動全体を通じて,それぞれの特質に応じて適切に行うように新学習指導要領の総則に書かれている。また,公民科の「公共」及び「倫理」並びに特別活動が,人間としての在り方生き方に関する中核的な指導の場面であることに配慮することということも書かれている。

したがって,公民科以外の教科・科目でも,中核的な指導の場面ではないにしても,教科・科目の特質に応じて,道徳教育を行う必要がある。外国語(英語)科は,道徳教育の実践があまり見受けられないかもしれないが,上記のような実践例を参考にしながら,適切な実践を行わなければならない。

(八島　等)

〈引用・参考文献〉
文部科学省（2009）『高等学校学習指導要領』。
文部科学省（2009）『高等学校学習指導要領解説　外国語編　英語編』。
文部科学省（2017）『中学校学習指導要領』。
文部科学省（2018）『高等学校学習指導要領』．http://www.mext.go.jp/component/a_menu/education/micro_detail/__icsFile/afieldfile/2018/07/11/138466_6_1_2.pdf
文部科学省（2018）『高等学校学習指導要領解説　総則編』．http://www.mext.go.jp/component/a_menu/education/micro_detail/__icsFile/afieldfile/2018/07/13/1407073_01.pdf
文部科学省（2018）『高等学校学習指導要領解説　外国語編・英語編』．http://www.mext.go.jp/component/a_menu/education/micro_detail/__icsFile/afieldfile/2018/07/13/1407073_09.pdf
菅原裕子（2011）『ひびわれ壺』二見書房。
高田智子他（2017）*Revised ENGLISH NOW English Communication I*，開隆堂出版。

第10章

道徳科を要とし，学校・家庭・地域の連携によって行う道徳教育の実際 その1

――平成29年度江田島市立江田島中学校区（江田島中学校・切串小学校・江田島小学校）文部科学省委託「「道徳教育改善・充実」総合対策事業［メニュー3］」の実践を通して

《研究主題》学校・家庭・地域の連携による道徳教育の実践～生徒指導の三機能を生かした授業づくりと体験活動を通して～

【地域まるごと宣言】「かかわり 学び 高め合う」
【目指す児童生徒像】①自分を大切にする心をもつ ②人を大切にする心をもつ ③江田島を愛する心をもつ
【育てたい資質・能力】①自尊感情 ②思いやり ③郷土愛

---

1 はじめに

　本地域の児童生徒は，保育園から小学校，中学校までの十数年間をほぼ同じ集団で生活するため，コミュニケーション能力や互いに切磋琢磨する力，主体的に物事にチャレンジしようとする意欲等に課題がある。また，自己中心的な言動が多く，規範意識に課題がある児童生徒もいる。自己肯定感や自分を律する力を高め，他への思いやりや地域の一員としてのアイデンティティを育成する必要がある。

　3校は，これまで教科指導と生徒指導の一体的な実践研究を行ってきた。その結果児童生徒の学習意欲とともに学力面においても一定の成果を上げる

ことができた。しかし，児童生徒実態から，さらに道徳性を高めていく取組が必要であると考え，次の3点で研究実践の取組を進めた。

　①生徒指導の三機能を生かした授業づくり
　②道徳教育と体験活動を関連づけた実践研究
　③地域との連携

　活動方針として，地域の関係機関と計画的・系統的に連携し，体験活動を通した学びと道徳教育との関連を整理しながら，児童生徒の豊かな心を育てるとともに生徒指導上の諸問題の未然防止を図ることを目的として，地域・保護者・児童生徒のかかわりやつながりの深化とともに児童生徒に自信をもたせ，「人としての思いやり」を醸成した。
　地域の教育力を活かした生活科・総合的な学習の時間の地域学習を通して，地域の「ひと・もの・こと」への理解を深め，地域を誇れる児童生徒を，9年間を見通した指導で育成した。
　研究の検証方法として次の3点で検証した。

　①地域，保護者・教職員・児童生徒アンケート（年3回）
　②生徒指導上の諸問題
　③合同公開研究会を開催による児童生徒の学ぶ姿と取組状況について報告及び批評

2　江田島中学校の具体的取組

(1) アダプト活動（6月・8月・11月・12月・2月）

　「アダプト活動」とは，「アダプト認定団体」（江田島中）が，近隣の県や市が管理する道路や河川を美化する活動で，学校周辺の草が生い茂った溝の掃除など，季節毎に必要な場所を清掃している。生徒は自分たちの力で地域が見違えるように綺麗になることに「やりがい」と「自己存在感」を感じている。

(2) 海浜清掃・カヌー体験（7月21日2年生・7月31日3年生・8月8日1年生）

　郷土の綺麗な海に誇りを持ち，そこにやってくる人たちに喜んでいただこうと，生徒たちは一所懸命清掃活動に取り組んだ。この活動で，雑草が生い茂っていた長浜海岸は，見違えるように美しくなった。「私たちはこの綺麗な海に誇りを持っています。島外から多くの人たちが来てくれ，みんなが気持ちよく遊んで帰ってくれたら嬉しいです。これからも自慢の海を私たちで美しくしていきたいです」と生徒たちは語っていた。

　その後，日ごろ行うことのないマリンスポーツ（カヌー・サップ）体験を実施した。生徒は島に住んでいながらも，マリンスポーツの体験はほとんどないため，初めての体験に意欲的に取り組んでいた。

(3) 第1術科学校教育参考館見学（7月24日）

　学校から約1キロと校区内にありながら，なかなか訪問することのない海上自衛隊第1術科学校の教育参考館を，3年生が見学した。ここで最も時間を割いて見学するのが「特攻隊員の遺書」である。生徒たちと同じような年齢の若者が，なぜ特攻という自己犠牲に身を捧げることになったのか，生徒たちは深く考えていた。また，平和の大切さを実感した。

(4) 平和学習（8月4日）

　本校では毎年生徒会執行部が平和学習の企画・立案を行う。今年のテーマ

は「江田島と戦争」とした。執行部は島内にある慰霊碑をめぐり，碑文の内容やどういう経緯でそれが建てられたのか等について調べ，当時の様子をわかりやすくまとめ，平和学習登校日に全校生徒へ発表した。

(5) 3年生ナイトウォーク (8月4日夜～5日早朝)

　PTA会長を実行委員長とする「ナイトウォーク実行委員会」の主催で実施している。約80名が参加し，夜の10時頃に中学校を出発した。コースは，江田島中→小用→切串小→幸ノ浦→大須港→青少年交流の家→大原プール→江田島小→秋月トンネル→しびれ峠（日の出）→江田島中とし，合計28キロで行った。

　保護者の協力を得ながら4年目を迎えた行事であるが，参加した3年生は「辛くても最後まで歩いたこの経験は，これからの受験勉強にきっと役立つはずだ。」と話していた。

(6) 2年生職場体験 (8月21日～25日)

　この学習は，全国の中学校で実施されている。生徒にとっての意義として文部科学省では，「自己の理解を深め，望ましい勤労観，職業観を身につける。学校の学習と職業との関係についての理解を促進する。社会的なルールやマナーを体得する。」等を挙げている。

　今年も市内21か所の事業所に協力をいただいた。生徒たちは今後の進路目標の設定に向け，何かのヒントを得てくれたものと考えている。

(7) トイレ掃除に学ぶ会（8月26日）

　「呉掃除に学ぶ会」の方々のご指導をいただき，3年生が「トイレ掃除に学ぶ会」を実施した。最初は素手で便器を磨くことに抵抗があった生徒たちも，自分たちのトイレがみるみるうちに綺麗になるのを見て，やりがいを感じ，最後までやりきった。

　呉掃除に学ぶ会では「謙虚な人になれる」「気づく人になれる」「感動心を育む」「感謝の心が芽生える」「心を磨く」を目標に実施している。

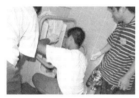  

(8) 食育学習（9月13日）

　「江田島市食生活改善推進協議会」の方々のご指導で，1年生が調理実習を行った。毎年郷土料理である「もぶりご飯」，地域の食材を利用した「味噌汁」などを調理している。この取組で，食べ物に感謝し，毎日料理を作ってくれる家族に感謝する気持ちが芽生え，自分の健康と食べ物の関係について学ぶことのできる貴重な体験活動である。

(9) 命の教室（9月20日）

本校の卒業生をリーダーとした広島経済大学の学生5名が，「ペットとの共存」「いのちの大切さ」を中学生に考えさせる「いのちの教室」を実施した。「犬や猫の殺処分」の実情を知らせ，そこから命の大切さを考える授業であったが，「中学校の道徳の授業がきっかけで，このプロジェクトを立ち上げた」という代表者は「弱い者の立場で考え，動物・家族・友達を大切にしてほしい」と中学生に向けて語りかけていた。

(10) いじめ撲滅への取組（9月）

9月は江田島市教育委員会の「いじめ撲滅月間」であった。いじめ防止の意識を高め，いじめを許さない学校にするために，標語募集コンクールを実施し，入賞3点を校内に掲示して撲滅運動を推進した。

【最優秀賞】『考えた？　相手の気持ち　相手の居場所』　2年生女子
【優　秀　賞】『言葉に愛を　行動に真心を　心に花束を』　3年生男子
　　　　　　　『被害者は　一生消えない　傷を負う』　　　3年生女子

(11) 合唱活動を通しての取組（7月・11月）

本校では，7月に「縦割り合唱コンクール」，11月に文化祭での「合唱コンクール」「全校合唱」を実施している。また，合唱コンクールの最優秀クラスは，「江田島市合唱祭」に学校代表で出場している。これらの活動を通して，学級の役に立っているという「自己存在感」を高め，お互いの良さを認め合う「共感的人間関係」を深めることで，生活を明るく豊かなものにする態度を育てている。

3　江田島中学校の取組の分析（成果○と課題●）

○自己存在感（自尊感情・自己肯定感・自己有用感）の高まりが見られた（項目①②③の平均71.2％→80.2％）。各教科や行事とリンクさせた道徳の授業や，生徒指導の三機能を生かした授業展開，また，生徒から生徒，教師から生徒といった多重評価により，人に認められていることを実感し，充実感を得ることができたからだと考える。
　　また，学校行事を通して成功体験を積めたことも大きな要因だと考える。
○「道徳の時間の学習は，自分の生活場面に生かせていると思う」の項目で数値が増加した（項目⑭81.2％→89.3％）。生活場面での具体的な姿を伝えることや，授業以外でも道徳の時間での内容に触れる機会を増やしたことで，実生活につながったと考えられる（横断的・総合的な道徳学習）。
○社会参加に関する数値が向上した（項目⑩⑪⑫71.9％→79.1％）。地域と連携した体験活動や郷土愛に関する道徳の授業を通して，地域のために自分ができることを返していこうという道徳的な心情や実践意欲と態度が育った。
●地域との体験活動でのつながりは感じるが，家庭が参加する体験活動が少ないのが課題である。どのように学校・家庭・地域が一体となって体験活動を進めていくかを考えていく必要がある。
●自己存在感（自尊感情・自己肯定感・自己有用感），社会参加に関するアンケートの数値が向上しているが，他の項目と比べると依然として低い。今後も，体験活動，各教科や行事とリンクした道徳の授業の展開，生徒指導の三機能を生かした授業の実践に継続して取り組む。

江田島中学校「道徳科学習指導案」

1　学　年　2年1組：男子10名，女子14名，計24名
2　主題名　ふるさとを守る（内容項目　C-（16）　郷土の伝統と文化の尊重，郷土を愛する態度）
3　ねらい　新しい気持ちになって生徒会の取組を続けていこうとした主人公たちの思いを考えることを通して，江田島中学校の生徒会にもできる取組があることに気づかせ，郷土を守り大切にしようとする態度を育てる。
4　教材名　「わがふるさとを守る生徒会」（出典：「心に響く道徳学習教材集」広島県教育委員会）
5　学習の展開

	学習活動	主な発問と予想される生徒の反応 【◎中心的な発問】	T1	T2	留意点（・） 評価（※）
導入	1　これまでの体験活動を振り返るとともに，生徒会について再確認する。	○これまでの活動を振り返りましょう。 ○生徒会とは執行部（生徒会長・副会長・委員長）と全生徒の組織のことです。新しい生徒会役員を中心に動くことになった今，どんな活動ができるのかについて考えていきましょう。	説明		・活動している様子を見せ，過去の体験を想起させる。 【自己存在感】
展開	2　教材文前半を読み，登場人物の心情を考える。	○生徒会の人たちは，どんな思いで毎年清掃活動を続けてきたでしょうか。 ・島の自然を，いつまでもきれいな状態で守りたい。 ・自分たちの島を自分たちの手できれいにしよう。 ・多くの人に美しい自然を楽しんでもらいたい。 ○2学期の清掃活動のあと，壊された立て札や破られたポスターを見た人たちは，どんな気持ちだったでしょうか。 ・いろいろ工夫したのに，悔しい。 ・どうしてこんなことをするのか理解できない。	発問 発問	範読 板書 板書	・島の自然を守るため，清掃活動にはげむ生徒会の背景や思いをおさえる。 ・場面絵を提示し，代表委員会の失望や怒りに共感させる。

		・残念で仕方ない。 ・行楽客のマナーの悪さに怒り，がっかりした。 ・立て札やポスターなんかしなければ良かった。 ○自分たちだったらこの後どうしますか。 　あきらめる 　・やっても無駄 　・どうせまた同じことになる 　工夫してまたやる 　・他の方法を試す 　・あきらめたくない	発問	板書	【自己決定】
	3　教材文後半を読み，話し合う。	◎新しい気持ちになって，自然をきれいにする取組を続けていこうとしたのはなぜでしょうか。 ・島の美しい自然をいつまでも守りたいから。 ・島は大切な故郷だから自分たちの手で守りたいから。 ・故郷を多くの人に楽しんでもらいたいから。 ・自分たちの力で誇れる故郷にしたいから。 ○それではふるさとの自然を守る活動をしている高田の柳川さんの話を聞きましょう。	発問 指示	範読 板書	【共感的人間関係】
終末	4　ゲストティーチャー（GT）の話を聞き，これからの生徒会活動について考える。	○柳川さんのお話を聞いて，これからの生徒会活動として，自然を守るためにできることは何かを考えてみましょう。 ワークシート ・アダプト活動に積極的に参加する。 ・江田島公園内のゴミ拾い。 ○これまでの生徒会活動のおかげで，学校周りの溝に蛍の食料であるカワニナがいるようになりました。	話 発問 紹介		・GTは，「どのような思いで長年江田島の海の清掃活動や植林に取り組まれているのか」視点をもたせ，話を聞かせる。 【自己存在感】 ※地域に育てられているということに感謝し，恩返しするために自分には何ができるのかを考えているか。 （ワークシート）

6　板書計画

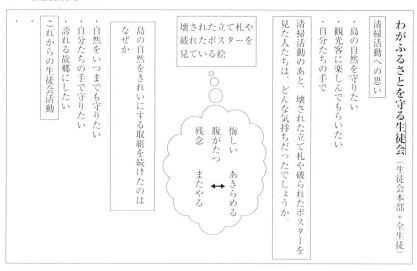

わがふるさとを守る生徒会　(生徒会本部＋全生徒)

清掃活動への思い
・島の自然を守りたい
・観光客に楽しんでもらいたい
・自分たちの手で

清掃活動のあと、壊された立て札や破られたポスターを見た人たちは、どんな気持ちだったでしょうか。

壊された立て札や破れたポスターを見ている絵

悔しい　あきらめる
腹がたつ　←→
残念　　またやる

島の自然をきれいにする取組を続けたのはなぜか

・自然をいつまでも守りたい
・自分たちの手で守りたい
・誇れる故郷にしたい

これからの生徒会活動
・
・

4 切串小学校の具体的取組

(1) 緑の学習
①全校緑の学習（5月2日）

　毎年全校緑の学習として，学校林への遠足を行っている。今年度は，縦わり班ごとにクイズラリーをしながら，学校林を目指した。森林インストラクターの方から出題されたクイズは，「お日様が好きな木」「お正月のしめ飾り」「マツの花」「アダプト」……といったもので，自然観察をしながら，たてわり班で6年生を中心にみんなで楽しんで歩くことができた。また，クイズだけでなく「春みつけ」もして，古鷹山の自然の美しさを発見した。

②6年緑の学習（6月14日）

　6年生が，森林インストラクターの方と一緒に，学校林の健康状態を把握し，快適な森について考えた。その後，剪定や伐採の手入れをして，学校林への愛着を深めることができた。

(2) 全校さとうみ学習（5月10日）

　さとうみ科学館の方にご指導いただきながら，縦わり班ごとに海の生き物探しをした。活動の中で，「長谷川の河口にカキ棚があるのはどうしてでしょう」と聞かれ，「山からの栄養が，流れてくるから」と答えたことに，これまでの切串の「山」・「川」・「海」の学習のつながりを感じた。それぞれの班

で見つけた生き物についても，6年生がこれまでの学習を生かして詳しく説明することができた。

(3) おかげんさんまつり（7月22日）

切串の伝統行事であるおかげんさん祭りに向け，6年生は代々引き継がれてきたわら舟の飾りつけを行い，祭り当日は，ステージでソーランを踊った。切串ならではの行事に参加することにより，地域の良さを感じることができた。

(4) 緑の少年団交流集会（7月27日・28日）

6年生8名が第37回緑の少年団交流集会に参加した。これは，県内の緑の少年団が「もみのき森林公園」に集まり，野外活動を通じて相互の交流と親睦を図るとともに，自然に親しみながら，心身を鍛練し，自律・友愛・協同・奉仕の心を養うために毎年開かれているものである。県内の他の少年団と班を構成し，班行動をともにする中で，交流を深めた。

(5) 野外活動（7月31日～8月3日）

　5年生は，2泊を江田島青少年交流の家，1泊を江田島市内の光源寺で3泊4日の宿泊体験活動を行った。カッター訓練やウミホタル観察，カプラ研修，キャンプファイヤーなどの活動を通して，「輝け　協力　自分発見！」のテーマのもと多くの学びを得ることができた。

(6) 学習発表会（10月29日）

　総合的な学習の時間に学んだことを，5年生は「マモルンジャーと知ろう長谷川のひみつ」，6年生は，「切串の宝「学校林」」という劇を通して，気づいたことや守っていきたいことなどを多くの人に伝えることができた。

(7) 6年緑の学習（11月13日）

　6年生が「地域の人とつながる学校林にするにはどうしたらいいか」を考え，行動した。活動しやすく魅力的な学校林にするために，森林インストラクターの方達と一緒に，学校林を探検し，学校林遊学マップや樹名板の作成を進めることができた。

(8) 道徳参観日（11月17日）

　トライアスロンに挑戦し続けた越野正征さんをゲストティーチャーにお迎えし，より高い目標に向かって障害や困難に打ち勝ち，ねばり強くやり通そうとする態度を養うねらいで6年生は道徳の授業を行った。「己に克つ」という強い志と挑戦し続ける姿に感動し，自分も見習いたいという気持ちを持つことができた。

(9) 森林・林業体験（11月28日）

　広島県森林組合や江田島市農林水産課の方たちと学校林の整備作業をしたり，伐採した木を活用したりする活動を通して，学校林活動の伝統を受け継ぐとともに，学校林への愛着を深めることができた。

5　切串小学校の取組の分析（成果○と課題●）

○アンケート結果から，「自分にはよいところがあると思う」「自分のよさは，まわりの人から認められていると思う」という項目で数値が向上し，自己肯定感の高まりが見られる。いろいろな体験活動を通して，「がんばった」「できた」という達成感が味わえたからだと考える。

○「地域のために何かしたいと思う」児童がほとんどで，「おかげんさんまつり」や「秋祭り」に向けて，行事への参加意欲が高まり，参加すること

によってさらに「地域のことをもっと知りたいと思う」児童も増えている。
○「道徳の時間の学習は，自分の生活場面に生かせていると思う」と回答した児童が増加し，児童の活動を紹介することにより，生活とつなげることができたと考えられる。
●「学校の規則は大切だと思う」について，肯定的な回答をする児童だけではないので，道徳の時間を通して生活と結び付けながら，規則を守ろうとする態度を養っていきたい。

切串小学校「道徳科学習指導案」

1　学　年　6年1組：男子8名，女子8名，計16名
2　主題名　郷土を愛する（内容項目　C-（17）　伝統と文化の尊重，国や郷土を愛する態度）
3　ねらい　林道計画に反対した白神山地の人々の気持ちを考えることを通して，郷土の文化や伝統を育てた先人の努力に気づかせ，郷土のよさを大切にして郷土を愛する態度を育てる。
4　教材名　「白神山地」（出典：『道徳6　明日をめざして』東京書籍）
5　学習の展開

	学習活動	主な発問と予想される児童の反応 【◎中心的な発問】	留意点（・） 評価（※）
導入	1　自分の郷土の自然について知っていることを話し合う。	○自分が生まれ育った土地（郷土）の自然について知っていることはありますか。 ・長谷川にモクズガニがいる ・古鷹山に学校林がある ・古鷹山の林野火災 ○今日は，郷土の自然について考えていきましょう。	・古鷹山の写真を掲示したり，ゲンカイツツジやベニイトトンボの写真を掲示したりすることで本時の学習への意欲を高める。
展開	2　「白神山地」を読んで話し合う。	○白神山地のよさは何ですか。 ・ブナの木が水をたくわえている。 ・栄養が豊富 ・水害を防ぐ ・特別天然記念物がたくさんいる ◎白神の人たちは，なぜ林道計画に反対したのだろう。 ・お金を得る方法はたくさんあるが，自然を壊したら元に戻らない。 ・森が死んだら海も死んでしまう。 ・受け継いできたブナ林を次世代に残したい。 ○あなたが白神の人達だったら林道計画に反対しただろうか。 ・反対した。自然を守るためだから。 ・賛成した。林道計画はいいことだ。	・教材を読む前に，白神山の地図や写真，青秋林道計画についての資料を確認し，教材への理解を深める。 ・ブナの木，ハタハタ，イヌワシ，ニホンカモシカ，ゼンマイなどの写真を掲示する。 ・ブナ林のよさをもとに考えさせる。 ・次世代に残していきたいという先人の思いを自覚できるようにする。

170

	3 江田島の郷土について考える。	○昔の人の努力によって林野火災を乗り越えた古鷹山のよさを守っていくために，自分たちにできることは何だろう。 ・古鷹山のよさを伝える。 ・古鷹山のごみを拾う。 ・古鷹山を守ってきた昔の人に感謝のきもちをもつ。 ・古鷹山を大切に思う。	【自己存在感】 ・ペアトークで話し合わせる。 ・机間指導を行い，児童の考えを確認する。 ・考えを書き終わったら，ペアトークで友達と話し合う。 【共感的人間関係】 ・古鷹山林野火災や植林の写真を掲示する。 ・今の古鷹山の写真を見せる。 ・なぜそう思うのか理由を問い，郷土の自然を大切にしたいという思いを高める。 【自己決定】
終末	4 学習を通して学んだことを振り返る。	○自分にとって古鷹山はどんな存在ですか。 ・大切なもの ・なくてはならない郷土 ・次世代に受けつぐもの	※郷土の良さを大切にし，郷土を愛することの大切さについて，自分とのかかわりでとらえることができたか。 （発表，ワークシート） ・過去の古鷹山と現在の古鷹山の写真を見せる。

6 板書計画

6 江田島小学校の具体的取組

(1) 地域ボランティア(5月)

「地域の人たちとともに清掃活動をすることで,自分達の住む場所をより良くし,より良い生活をつくろうとする意識を育てる」ことを目的とし実施した。校区内14か所に分かれ,保護者,地域の方々と一緒にそれぞれの場所を清掃した。

【活動後の振り返り】
- がんばったよ。(1年)
- 草がいっぱいあったのでとるのがたいへんでした。ちいきボランティアがおわったらとてもきれいだったので,つぎもがんばりたいです。(2年)
- みんながんばったので3ふくろぶんこえました。あつかったけどおわった後は,そうじした所がきれいになっていてとても気もちよかったです。(3年)
- 地いきがきれいになったのでうれしいです。次からも地いきボランティアがなくてもゴミがあったら拾ってきれいにしたいです。(4年)
- 私がやったのは少しの部分だけれど,みんながぬいた所を合わせると公園の草やゴミがなくなったと思います。みんなと協力することは大切だと分かりました。(5年)
- 今日の地域ボランティアで地域の人たちの役に立ててよかったと思った。次の時も,私たちがきれいにして,地域の人たちに喜んでもらいたい。(6年)

(2) マリンアドベンチャー(6月)

6月21日(水)に江田島小学校・切串小学校の5年生がマリンアドベン

チャーに参加した。大柿町にある「さとうみ科学館」の方の指導のもと，釣附海岸で海辺の生き物とふれあう体験をした。グループごとに，七つの課題を解決していくという活動も行った。児童は，切串小学校の5年生と協力しながら，いろいろな生き物を見つけることができ，自然の素晴らしさに感動した一日となった。

「ふるさとの　自然を知る　子どもは　ふるさとを　語れる　大人になる」

(3) クラブ活動（6月・7月・9月・12月）

江田島小学校のクラブは，9クラブあり，そのうちの8クラブが，地域の方々をゲストティーチャーとしてお迎えし，指導していただいている。「江小まつり」のクラブ発表ブースにも参加していただき，まつりを盛り上げていただく予定である。

(4) 野外活動（8月1日〜4日）

5年生49名が，江田島青少年交流の家で野外活動を実施した。4日間の活動を通して「自立」・「規律」・「協力」・「友情」・「思いやり」について，学んだ。暑い最中の4日間だったが，児童はどの活動に対しても真剣に取り組み，最後まで一生懸命やりきった。また，仲間とともに力を合わせて集団生活を送ることができた。

(5) まあるくつなぎ隊！えたじま（8月）

　夏季休業中，6年生が総合的な学習「まあるくつなぎ隊！えたじま」で地域に出かけ，調べ学習を行った。自分たちが住んでいる江田島の宝（八幡神社・鷲部・夏祭り・かき・みかん・品覚寺・小用のパン屋さん・小用公園の桜・導神社・オリーブ・飛渡瀬の豆腐屋さん・大淀慰霊碑・山田の景色）について現地を訪れ，地域の方々にインタビューし，詳しく教えていただくことができた。調べたことや学んだことを，「江小まつり」の授業公開で紹介する。

　11月には，自治会の会長様方に来校いただき，「江小まつり」の昔遊びブースの出し物について6年生と一緒に話し合った。それぞれの地域のブースで行う出し物が決定した。今後は，当日に向けて必要な物を準備していく。

(6) たのしい！やさしい！発見！えたじま（11月）

　4年生が「いこいの里」（グループホーム）へ訪問させていただき，福祉についての学習をした。「いこいの里」で働かれている方にインタビューすることで，仕事の楽しさや難しさや工夫などを知ることができた。また，お年寄りとお話もした。はじめはなかなかうまくコミュニケーションをとることができなかったが，徐々に体を低くしてお年寄りと同じ目線で話をしたり，肩をもんだりして，児童が自分からお年寄りとの距離を縮めていく様子が見られた。

　その後，もう一度「いこいの里」へ訪問学習に行った。今回は，2回目ということで，前回の見学のお礼として，お年寄りや働かれている方に喜んで

もらおうと自分達で考えたことを発表した。リコーダーの演奏や合唱，読み聞かせを行った。いこいの里の方々が喜んでくださる姿を見て児童もとても満足した表情をしていた。立派な「ふくし」をすることができたと思う。今回の学習を生かして誰に対しても思いやりの優しい気持ちで接していってほしいと願う。

7　江田島小学校の取組の分析（成果○と課題●）

○児童アンケートの結果から，育てたい資質・能力「自己存在感（自尊感情，自己肯定感，自己有用感）　思いやり　郷土愛」について，95％に近い肯定的評価を得ることができた。また，体験活動後の振り返りに，自己有用感や思いやり，郷土愛に関する記述が多くあった。道徳科と体験活動を関連させたことが育てたい資質・能力をステップアップさせることに効果的であったと考える。
○中学校区合同で，互いに授業を見合ったり，協議会を行ったりすることで，道徳教育の理解を深めることができた。
○保護者アンケート「子どもは，道徳の時間の学習は，自分の生活場面に生かせていると思う。」の項目で，肯定的回答が9.9ポイント向上した。子どもの変容からの回答と思われ，本事業の取組による成果ととらえる。
●地域との体験活動でのつながりは多くあるが，保護者に参加してもらう体験活動が少ないので，今後，地域・保護者が一体となった体験活動を進めていく必要がある。
●児童の道徳性を高めるために，体験活動を通した学びと道徳科との関連を整理，修正していき，来年度の道徳教育全体計画，年間指導計画を作成していく。

江田島小学校「道徳科学習指導案」

1　学　年　5年1組：男子13名，女子11名，計24名
2　主題名　いきいきと働くために（内容項目　C-(16)　よりよい学校生活，集団生活の充実）
3　ねらい　責任を果たすことの大切さを学んだえり子の心情の変化を考えることを通して，様々な活動に進んで参加し，自分の役割に責任をもって取り組もうとする心情を育てる。
4　教材名　「森の絵」（出典：『ゆたかな心　5年』光文書院）
5　学習の展開

	学　習　活　動	主な発問と予想される生徒の反応 【◎中心的な発問】	留意点（・） 評価（※）
導入	1　課題意識をもつ。	○みなさんにはどんな役割がありますか。 ・みんな色々なところで活躍している。 ・高学年になって，たくさんの役割ができた。	・学級や学校，家庭，地域の中で児童が担っている役割を事前に調査し，表にまとめる。
		○どんな気持ちで仕事をしていますか。 ・やらないとみんなが困るから。 ・クラスやみんなのためにやらないと…。 ・しんどいときも…。 どんな気持ちで役割を果たせばよいかについて考えよう。	・ねらいとする道徳的価値について問うことで，本時の課題意識をもたせる。
展開	2　教材文「森の絵」を読んで話し合う。 教材前半を読む。	○道具係になったえり子が絵筆を持つ手に力が入らないのはどんな気持ちからでしょう。 ・女王役がやりたかった。悔しい。 ・めぐみがうらやましい。 ・何だかやる気がしない。 ○文男の「誰かがやらなきゃ劇にならないじゃないか。」という言葉を，えり子は，どう受け止めたでしょうか。 ・文男は，すごい。なのに私は…。 ・文男を見習おう。	・資料は前半と後半で分割して読み聞かせる。 ・なりたかった女王役を譲って，道具係に意欲的になれないえり子の気持ちに共感させる。 ・えり子の価値の自覚をするきっかけになった文男の言葉について考えさせ，中心発問へつなげてい

			く。【自己決定】
		○あなたがえり子だったら，どうしていたでしょうか。またその理由は何ですか。 ・やっぱりできない。自分のしたい仕事じゃないから。 ・文男を見習って，仕事を頑張ろう。文男もしたい仕事じゃないのに頑張っているから。	・ワークシートに自分の考えを書かせてからグループで交流させる。 ・グループでの対話を通して，多面的な意見を引き出すようにする。その後で全体で交流させる。
	教材後半を読む。	○えり子が劇の準備に生き生きと取り組むようになったのは，どんなことに気が付いたからでしょうか。 ・自分が恥ずかしい。私だけがわがままをしてはいけない。 ・文男は，好きじゃない仕事をがんばっている。やりたくない仕事でもがんばってやろう。 ・どの仕事も大切な仕事だ。 ・私の絵が完成しないと劇が成功しない。自分の役割をちゃんとしなくちゃ。 ・学級の一員としてみんなが協力しないと劇は成功しない。	【共感的人間関係】 ・学校や地域の人からの言葉を紹介し，自分が役割を果たすことでみんなの役に立っていることを実感させる。
	3 学校や地域の人からの思いを聞き，役割に対する意識を深める。	○学校や地域の人たちは，みんなが役割を果たしている姿をどのように思っているでしょうか。 ・体力テストのときに下級生のお世話をしてくれてとても助かったよ。ありがとう。 ・地域清掃でがんばってくれたので，すごくきれいになったので，気持ちがいいです。ありがとう。 ・地域の人もちゃんと見てくれている。 ・やってよかった。うれしい。 ・気付かなかった。自分がこんなに役に立っているなんて。 ・こんなに喜んでくれてうれしいな。 ・これからも学校や地域のために頑張ろう。	【自己存在感】
終末	4 本時のまとめをする。	○これからの学校や地域でどんな気持ちで役割を果たしていきたいですか。 ・地域の人たちや下級生が喜んでくれるから，これからは一生懸命やろう。 ・最初は仕方なくやっていたけれど，みんなのためになるのだから進んでやろう。 ・今までは忘れてしまうこともあったけど，これからは責任をもってやりきろう。	・本学習活動を通して学んだことを児童の言葉を使ってまとめさせる。 ※様々な活動に進んで参加し，自分の役割に責任をもって取り組もうとする意欲をもつこ

| | ・高学年として，嫌な仕事でも，みんなのことを考えて進んでするようにしたい。
・どんな仕事も大切な仕事だから，責任をもって最後までやりきるようにしていきたい。
・ちゃんと仕事をしたら，自分も周りの人たちも笑顔になれるから，これからも笑顔を増やしていきたい。 | とができたか。
【自己存在感】 |

6 板書計画

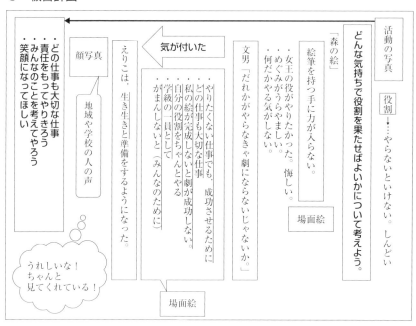

（小野藤　訓・大松　恭宏・佐々木　博康）

第11章

道徳科を要とし，学校・家庭・地域の連携によって行う道徳教育の実際　その2

―― 平成28年度庄原市立総領中学校区（総領中学校・総領小学校）文部科学省委託「「道徳教育改善・充実」総合対策事業［メニュー3］」の実践を通して

《研究主題》人とのかかわりの中で，自ら考え，判断・表現し，学び合う児童生徒の育成

【地域まるごと宣言】　「かかわり　つながり　学び合う」
【目指す児童生徒像】　①自分を大切にする心をもつ　②人を大切にする心をもつ　③総領を愛する心をもつ
【育てたい資質・能力】　人としての思いやり　郷土愛

1　はじめに

　広島県庄原市立総領小学校と総領中学校は，庄原市の南東に位置し，小学校は「里山を楽しむまなびや」として，中学校は「里山にみんなで創る総領中」として，地域とともに歩んでいる。児童生徒は，純朴で真面目に物事に取り組むことができるが，保育所から小学校，中学校まで同じ環境で生活を送っており人間関係が固定化している。そのため，時には相手の立場を考えず，乱暴な言葉づかいをして，お互いの関係を委縮させるなどして伸び伸びした生活が送りにくい状況がある。そこで自己肯定感を高め思いやりの心をもって人に接するとともに，温かく見守られ生活している地域の一員として

の自覚をもって郷土を愛する心を育成する必要がある。

　これらのことから，道徳教育の充実を図り道徳性を高めるために，次の3点で研究実践の取組を進めた。

①地域と連携した体験活動の取組
②「総合単元的な道徳学習」による取組
③「考え，議論する道徳」の授業づくり

研究の検証方法として，次の3点で検証した。

①地域・保護者，教職員，児童・生徒アンケートの分析
②生徒指導上の諸問題数
③合同公開研究会を開催し，児童生徒の学ぶ姿と取組状況について報告・批評

2　総領中学校の具体的取組

(1)「とうろう菓子」づくり（1年生）

　1月から2月に1年生が地元の老人部の方から，地域に伝わる伝統文化である「とうろう菓子」の作り方を学んでいる。「とうろう菓子」は，桃の木の枝につるす餅の焼き菓子のことである。この時期は，寒く花が少ないため，ひな人形のお飾りとして桃の木の枝につるして花に見立てる，この地方独特の風習である。生徒たちは，老人部の方とのふれあいを通して，総領町に伝わる昔ながらの伝統文化を継承しようと熱心に取り組んでいる。

(2)「節分草祭」の企画・運営（2年生）

　平成28年度，2年生が総領町自治振興区の地域教育コーディネーターを

招いて郷土の伝統と文化を題材に道徳科の授業を行う中で，地域教育コーディネーターから「節分草祭」に企画段階から一緒に考えてほしいという要請を受けた。そこでクラスの代表が地域の節分草祭実行委員会に参加し，町おこしについて一緒に協議した。そこで出された提案を学級に持ち帰り，自分たちにできる町おこしについて学級で話し合い，子どもたちを対象としたブースを設けて運営することとした。今では「節分草祭」になくてはならないブースとなり，訪れる多くの子どもたちへいこいの場を提供している。準備に多くの時間がかかり苦労も多いが，町おこしへの貢献により自己肯定感と郷土愛が育成されている。

(3) 手漉き和紙の卒業証書づくり（3年生）

3年生は，総合的な学習の時間を中心に，総領町の地場産業であった手漉き和紙で自分たちの卒業証書を制作している。この手漉き和紙は，総領町において昭和30年代の後半で衰退したが，平成元年より地元の有志の協力を得て，本校の教育活動に取り入れられ現在に至っている。毎年，地元の方から手漉き和紙についての地域の歴史や産業，卒業証書づくりとして引き継がれてきた意義について学んでいる。和紙の原料となる三椏(みつまた)や楮(こうぞ)の下草刈りを6月に行い，12月に採取した原料を蒸したり皮はぎの作業を行い，地元の施設で和紙を漉いていく。そして3月の卒業証書授与式は，自分たちで漉いた和紙による卒業証書を受け取る。これらの取組を通して郷土への誇りを育てている。

3 「総合単元的な道徳学習」による取組

　本学区で取り組んだ「総合単元的な道徳学習」とは，道徳科が要となり，体験活動や各教科，特別活動，総合的な学習の時間などを関連づけ統合することで児童生徒の道徳性を高めていく取組である。本学区の重点内容項目を「思いやり」と「郷土愛」とし，その項目の構想図を作成した。構想図では，道徳科の授業に対して内容が関連している教科，特別活動・総合的な学習の時間や学校行事などの体験活動がどのように関連し，そこで児童生徒にどのような思いを持ってほしいかをまとめて構造化している。各活動の関連を目に見える形にまとめたことで，授業者は，これらのつながりを意識して，それぞれの授業を行っていくことができるようになった。

4 「考え，議論する道徳」の授業づくり

　児童生徒が広い視野から多面的・多角的に考え，議論するために，特に問いを工夫することと児童生徒の反応を予想することに取り組んだ。問いの工夫では，児童生徒の発言に対し，新たな道徳的価値に気づかせる補助発問によって思考を深めさせ，理由を表現させた。児童生徒の反応の予想では，本学区で独自に取り組んだ「総領中学校区見取りの三段階」を用いた。実際の授業場面では，生徒の反応をワークシートやグループでの議論から把握し，「①自分中心」「②相手・対象との関わり」「③集団・社会との関わり」の三段階で見取り，道徳的思考につながるよう意図的指名を行った。

総領中学校区見取りの三段階

道徳性の発達（コールバーグ）		総領中学校区見取りの三段階		役割取得理論（セルマン）
	普遍的，原理的原則			
	社会契約，法の尊重	③ 集団，社会との関わり	社会，慣習システム	
	法と秩序の維持	↕		
	良い子志向	② 相手，対象との関わり	相互的	
	道具的互恵，快楽	↕	自己内省的	
	罰回避，従順	① 自分中心	主観的	
	自己欲求希求		自己中心的	

生徒の記述の三段階による見取りの例

段階	生徒の記述
① (自分中心)	今まで自分は参加するだけで、地域の祭りのために何もしていなかったことに気付いた。
② (相手、対象との関わり)	剛は、自分たちの力で祭りを作り上げることの楽しさを知っていて、達成感を味わっているなと思った。
③ (集団、社会との関わり)	剛たちみたいに、自分も地域の祭りを開催させるために何かできるのではないかと気付いた。

5　総領中学校の取組の分析（成果○と課題●）

○地域と連携した体験活動を通して地域の方からの肯定的な声掛け等により、自尊感情の肯定的評価の割合が上昇した。

○体験活動等が積極的生徒指導とつながり、生徒指導上の諸問題の認知件数は減少し少ない状態で推移した。

○「総合単元的な道徳学習」の構想図を作ることにより、道徳科を要とする教科横断的な構造化が図られ、教師間の連携も円滑になった。

○「総領中学校見取りの三段階」を活用することにより、生徒の反応を予想し、道徳的思考の深まりが把握しやすくなった

●「総領中学校見取りの三段階」について、授業実践を通して、工夫改善していく必要がある。

●児童生徒が地域の方と交流ができる場をさらに広げるために、学校全体で地域の方との連携をより一層深める必要がある。

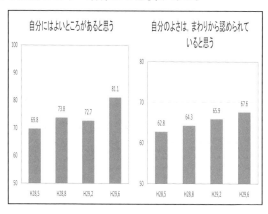

「総合単元的な道徳学習」の構想図（中学校2年生）

庄原市立総領中学校

総合単元名	「地域社会の一員としての自覚をもって郷土を愛することができる」4月～12月	
ねらい	自他理解を深め，地域の一員としての役割を果たし，人の役に立つことを実感することにより，自己肯定感を高め，郷土に誇りをもつ。	中心項目：C（16）郷土の伝統と文化の尊重，郷土を愛する態度 関連項目：B（6）思いやり，感謝 関連項目：A（4）希望と勇気，克己と強い意志
単元設定の理由	生徒にとって，地域社会は家庭や学校とともに大切な生活の場である。郷土の伝統と文化に触れ，体験することを通して，そのよさに気付き，郷土に対する誇りや愛着をもつとともに，郷土に対して主体的に関わろうとする態度も育まれる。そして，今後は，自分たちの力で，地域に住む人々とともに，地域社会をよりよいものに発展させていこうとする自覚をもつことが必要となってくるから。	

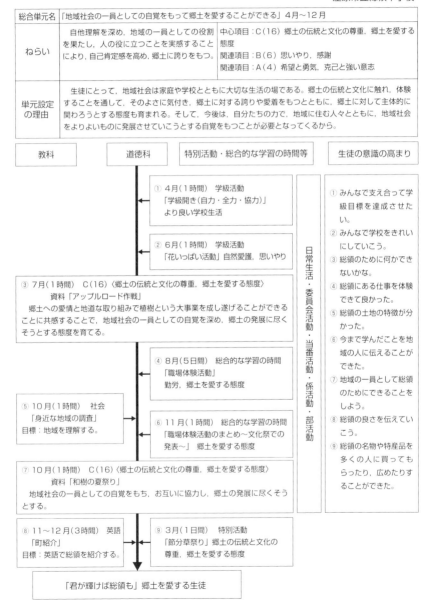

総領中学校区共通「道徳科学習指導案」

1　学　年　　中学校第2学年
2　主題名　　郷土への思い（内容項目　C-(16) 郷土の伝統と文化の尊重，郷土を愛する態度）
3　ねらい　　夏祭りに対する和樹と剛の態度の違いを考えさせることを通して，地域の一員としてよりよい地域社会の実現のために，地域の行事や活動に積極的に参加し，互いに協力し合おうとする実践意欲と態度を育てる。
4　資料名　　「和樹の夏祭り」（出典：『中学校　心の元気Ⅱ』広島県教育委員会）
5　学習指導の展開

学習活動	指導上の留意点（◇） 主な発問(○)，中心発問(◎)，予想される反応(・)	評　価 （評価方法）
1　総領で行われている祭りについて思い出す。	◇総領ではどんな祭りや伝統文化があるのか写真を見せながら思い出させ，総領町の良さや魅力に気付かせる。 ・おいでん祭　・節分草祭り　・とうろう菓子 ・和紙づくり　・夏祭り	
2　資料の前半部を聞き，内容をとらえる。	◇和樹の地域の状況について整理する。 ・中止になった理由 ◇夏祭りが中止になったときの和樹の気持ちをとらえさせる。 ・腹立たしい気持ち，残念な気持ち ◇和樹の気持ちの変化の理由をとらえさせる。 ・剛たちの地域の祭りの様子	
3　資料後半部分を聞き，話し合う。	◇「祭り」に対する和樹と剛の考えの違いについて気付かせる。	
○剛の「楽しんどるか？」に対して，和樹が「それはこっちのセリフじゃ」と言ったのはなぜだろうか。 ・忙しそうにしていたから。 ・大変そうで楽しんでいるように見えなかったから。 ・手伝いばかりで楽しいのか不思議に思ったから。		
	◇生徒が節分草祭りに参加して，ガイドした時	

第11章　道徳科を要とし，学校・家庭・地域の連携によって行う道徳教育の実際　その2

	の感想文やお礼状を紹介することで，そのときの体験を思い出させる。	
	○節分草祭りに参加したことを通してどう思ったか。 ・総領の良さを伝えることができて良かった。 ・大変だったけど，お客さんに喜んでもらえたからガイドして良かった。 ・お礼状をもらえて嬉しかった。	
◎剛の「俺らの祭りじゃけぇ。」という言葉を聞いて和樹はどう思ったのだろうか。 ・今まで自分は参加するだけで，地域の祭りのために何もしていなかったことに気付いた。① ・剛は，自分たちの力で祭りを作り上げることの楽しさを知っていて，達成感を味わっているなと思った。② ・剛たちみたいに，自分も地域の祭りを開催させるために何かできるのではないかと気付いた。③		・地域の一員として自覚をもち，地域のために何か行動を起こすことの価値に気付いている。 （ワークシート・発表）
4　節分草保存会の方のビデオレターを見る。	◇記述したことを班で交流させ，発表させる。 ◇祭りの主催者や節分草保存会の方の思いをビデオレターを通して伝える。 ・地域の祭りに参加してくれていることに対する感謝と今後への期待	
5　学習のまとめをする。	◇授業を通して，わかったことや思ったことを記述させ，発表させる。	

＊学習の流れの中の記号①②③については，「総領中学校区見取りの三段階」の番号を参考

6 板書計画

「和樹の夏祭り」

総領の祭り・伝統文化
・おいでん祭り・とうろう菓子　　・和紙づくり
・節分草祭り…参加してよかった　・夏祭り

祭りが中止になったのはなぜだろうか。
・住民から苦情がでたから
・ルールやマナーを守れない人がいたから
・呼びかけてもよくならなかったから

中止を聞いてどんな気持ちになったか。

和樹
・楽しみにしていたのに残念　・さみしい
・なんともいえない気持ち
・ルールを守らない人たちに腹が立つ

剛たちの様子
・夜店の手伝いをしていた
・花火や太鼓の準備・小学生の世話をしていた
・ゴミの分別や路上駐車をしないように呼びかけ

○「楽しんどるか？」
和樹
「それはこっちのセリフじゃ。」
・忙しそうなのに…
・大変そうなのに楽しんでるの？

○節分草祭りに参加したことを通してどう思ったか。
・総領の良さを伝えることができて良かった
・大変だったけど、喜んでもらえて良かった

◎「俺らの祭りじゃけぇ」という言葉を聞いて和樹はどう思ったか。
・自分は今まで参加するだけで何もしていなかった
・剛たちは達成感を味わっていた
・自分も地域のために何かできることはないかな

6 総領小学校の具体的取組

(1) 全校縦割り班活動【思いやり・協力・(感謝)】
① 「ひのき遠足&1年生歓迎会」(4月)

毎年，4月下旬から5月初旬で，「ウォークラリー遠足」を行っている。リーダーとなった6年生が，下学年を連れて学校から田総(たぶさ)の里運動公園まで，総領にかかわる問題を解きながら，川沿いの道を70分かけてゴールを目指す。到着すると，6年生が考えたゲームや縦割り班遊び，1年生への手作りプレゼント渡しなどの「歓迎行事」を行っている。この行事を通して，リーダーとしての自覚を高めていく。また楽しみな「弁当タイム」では，「お弁当の日」(年2回)を行い，食べた後に作ってくれた家族に手紙をそれぞれが書き，感謝の気持ちを添えている。高学年は，自分で弁当を作ったり作ってもらったおかずなどを盛り付けたりするなどしている。その場合は，いつも料理や洗い物をしてくれている家族に体験を通して感じたことを文にして添えている。

② 「球技大会」(12月)

冬場，教室にこもってばかりでなく，外で目的を持って体を動かすよう，児童会本部が進行する児童会行事。6年生が，下学年を昼休憩に放送で集め，ゲームやルール・作戦を実践的にアドバイスするとともに，応援コールを指導する。縦割り班リーグ戦で勝敗を決め表彰するとともに，全教職員が投票して決める「チーム　フェアープレー賞」もある。

低学年の部(1～3年)はソフトドッジボールを行い，高学年(4～6年)は，サッカーを行う。審判は，教職員で分担してあたり，チームワークを乱す行為や暴言があると，厳しくイエローカードやレッドカードを出す。本番までそれぞれ1回ずつ練習試合があり，試合が終われば応援に回る。勝ち負

けだけにこだわらず，協力の心を育てる行事である。

③日常的な縦割り活動「集団登下校」・「縦割り班掃除」
- 「集団登下校」…高学年が安全に気をつけ，あいさつや横断のマナーを指導しながら低学年の速度を考えて行っている。
- 「縦割り班掃除」…6年生を中心に月末に役割分担を行い，上学年が下学年を指導しながら行っている。

(2) 地域福祉を学び，体験して実感する（5年総合的な学習の時間）

　5年生では毎年，地元「社会福祉協議会」の協力を得て，高齢者体験を行ってきている。また，地域にある特別養護老人ホームを訪問し，交流会等を行ってきている。「福祉は誰もが避けては通れない自分とのかかわりが深いことであること」を，児童は体験を通して実感する。

(3) 地域の方の協力を得て，地域学習・生き方の学習（総合的な学習の時間）【郷土愛】

①横山甘泉堂のこだわり田総（たぶさ）ようかん【3年】

　厳選した材料を使って，3日かけてできる伝統の味。今年で，創業137年目になるそうだ。人口が年々減っている総領で，店を維持していくことは容易ではない。昔は饅頭などの和菓子も作られていたそうだが，現在は「小豆羊羹と塩羊羹」の2種類だけを販売して経営維持を図っておられる。

②節分草ボランティアガイド【4年】

　2月中旬から3月中旬まで，総領町で節分草の自生地を公開している「節分草保存会」の皆さんと一緒に，1~2学期に学習してきた「節分草」について毎年4年生が観光に来られたお客さんを前にガイドを行っている。ガイドを行うにあたって，立ち上げから保存会のメンバーである方から，お話を聞いている。今年で17年目になる。

③総領のこんにゃく作り（栽培・手作りこんにゃく作り）【5年】

　総領の斜面の多い地形や土壌にあった「在来種こんにゃく芋」が栽培されている。昔ながらのこんにゃく作りを行っておられる地元の方の協力を得て，学校園でのこんにゃく栽培・講師の方のこんにゃく畑の見学や収穫の手伝いを体験させてもらい，学習を深めている。

④総領の歴史を学び,町内史跡フィールドワーク【6年】

総領の町行政に長くかかわってこられた地元の方から,実際の資料を元に総領の歴史を学び,講師の方の案内で自分たちにつながるルーツをたどる体験学習を行っている。これらの学習で学んだ成果は,毎年11月に行っている「学習発表会」で,保護者や地域の皆さんに発信している。

(4) 道徳科の実際

①道徳参観日（毎年6月）

「考え議論する道徳」を目指し,総領中学校と共同で研修を行った。工夫した資料で,道徳参観日（6月）や研究会（10月）で保護者や地域の皆さんに授業を公開した。授業の後は,学級懇談を行い,保護者と意見交換をして,より規範意識や道徳性が高まるよう連携している。

②魅力的な資料開発（6年「和夫のふるさと」）

体験と道徳の時間及び他教科を結びつけて資料を作り,心をたがやす。

7 総領小学校の取組の分析(成果○と課題●)

○体験活動を取り入れた「総合単元的な道徳学習」を計画し,各教科との関連を図り実施することができた。
○役割演技,心情円盤の活用,発問の精選など「考え,議論する道徳」の授業づくりにつながる工夫に取り組み「より楽しい道徳科」の授業改善につながった。
○郷土への関心を示す「社会参加に関する意識の変化」のアンケート結果が,実践後大きく上昇した。

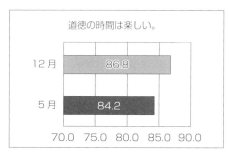

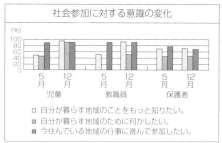

●事前の道徳アンケートで,「思いやり」と「郷土愛」について数値が低かった。小・中学校とも全学級を「思いやり」と「郷土愛」にしぼって取り組んだ。「郷土愛」に関する事項は,1年の実践で変化が見えたが,「思いやり」については成果が見られた学年もあったが,全体的に向上できたとはいえなかった。日頃の学級経営を保護者の気持ちを聞きながら進めていく。

(堀江　信之・大田　由美・角田　真紀)

第6学年総合単元的な道徳学習の構想図

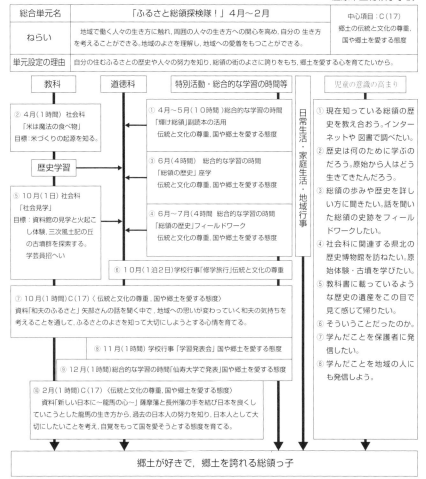

総領中学校区共通「道徳科学習指導案」

1　学　年　小学校第6学年
2　主題名　郷土を愛する心（内容項目　C-(17) 伝統と文化の尊重，国や郷土を愛する態度）
3　ねらい　矢部さんの話を聞く中で，地域への思いが変わっていく和夫の気持ちを考えることを通して，ふるさとのよさを知ってさらに大切にしようとする心情を育てる。
4　資料名　「和夫のふるさと」（出典：聞き取り自作資料）

学習活動	指導上の留意事項（◇） （主な発問（○），中心発問（◎）， 予想される児童の反応（・）	評価 （評価方法）
1　自分が知っている総領の自慢を想起する。	○総領町の自慢できることは，どんなことですか。 ・節分草や羊羹，こんにゃくが有名なこと。（物） ・豊かな自然があること。 ・温かい人が多いこと。	
2　資料「和夫のふるさと」の前半部分（①②）を聞いて話し合う。		
	○和夫は「歴史を学ぶ意味」を，どう感じているでしょう。 ・今からは想像がつかない昔の事実に出合うことができる。 ・「へえ。」と思えることに出合うことができる。 ・自分の中にない新しいものの見方・知識に出合うことができる。 ・自分が知らない，この町で生きてきた人の苦労や努力を知ることができる。	
	◇ICT資料を見せながら，状況や背景をとらえ，自分の意見をもたせる。	
	○なぜ，和夫は「今までと違う総領の風景」が見える気がしたのでしょう。 ・自分が今日まで知らなかった総領の一面を知ったから。 ・今，目にしているだけの一面的な風景だけではないことに気づいたから。 ・今まで，魅力が少ないというイメージであった自分に気づいたから。 ・節分草や羊羹・こんにゃくだけが有名な総領ではないと思ったから。	

3　資料「和夫のふるさと」の後半部分（③）を聞いて話し合う。		・矢部さんの言葉に，郷土へのイメージが変わっていく和夫の気持ちに気づいているか。（ワークシート・発言）
◎朝，あんなにはやる気持ちでいたはずの洞窟で，なぜ和夫は少し冷静になっていたのでしょう。 ・他に興味がもてることができたから。（町の歴史）① ・町のことを考え始めていたから。② ・町の歴史を知って，少し考え方が成長したから。② ・新しい町のよさに気づけたから。③		
4　資料「和夫のふるさと」の後半部分（④）を聞いて，自分と地域の関わりを考える。	◇主人公に関わる副詞句を，自分の体験と合わせて考えさせる。理由をしっかり出し，意見を深めさせる。 ◇意見交流する意識をもたせるため，席を向かい合わせる。ワークシートに書きながら自分の意見を整理させる。	
○今日の学習を通して，感じたことや心に残ったことを書きましょう。 ・私ももっと総領のことが知りたくなりました。① ・私もふるさとのよさが，前より分かるようになりました。② ・矢部さんの話も，総領の自慢にしたいと思いました。② ・私は，矢部さんのように，地域を誇れる人になりたいと思いました。③		
5　次の活動へつなげよう。	◇自分の意見を話した後，友だちの意見を聞いて自分の考えと比べながら共通していることを見つけさせ，キーワードで示す。 ◇今日の気持ちを創作劇作りにつなげる。（画像提示）	

6　板書計画

六年道徳　　和夫のふるさと

「歴史を学ぶ意味」
○知らなかった総領の姿に出合えること

「今までとは違う風景」
○目に見えるものだけが全てではないことを感じた。

「朝とは違う気持ち」

○総領のよさをもっと知りたい。
○総領の自慢を増やしたい。
○矢部さんのように、地域を大事にしたい。

矢部さんのお話とフィールドワーク

（堀江　信之・大田　由美・角田　真紀）

第12章

ロールプレイングを導入した道徳科授業の方法と実際

1 ロールプレイングを導入する意義

　新中学校学習指導要領「第3章　特別の教科　道徳」の「第3　指導計画の作成と内容の取扱い」の2に次のことが示されている。[1]

> (5) 生徒の発達の段階や特性等を考慮し，指導のねらいに即して，<u>問題解決的な学習，道徳的行為に関する体験的な学習等を適切に取り入れる</u>など，指導方法を工夫すること。その際，それらの活動を通じて学んだ内容の意義などについて考えることができるようにすること。また，<u>特別活動等における多様な実践活動や体験活動も道徳科の授業に生かす</u>ようにすること。（下線は筆者による。以下同）

　文部科学省は，新中学校学習指導要領解説「特別の教科　道徳編」の「第4章　指導計画の作成と内容の取扱い」第3節の「5：問題解決的な学習など多様な方法を取り入れた指導」の中で，次のように示している。[2]

> (1) 道徳科における問題解決的な学習の工夫
> 　多様な指導方法を活用することは，極めて大切である。問題解決的な学習とは，生徒が学習主題として何らかの問題を自覚し，その解決法についても主体的・能動的に取り組み，考えていくことにより学んでいく学習方法である。<u>道徳科における問題解決的な学習とは，生徒一人一人</u>

が生きる上で出会う様々な道徳上の問題や課題を多面的・多角的に考え，主体的に判断し実行し，よりよく生きていくための資質・能力を養う学習である。そうした問題や課題は，多くの場合，道徳的な判断や心情，意欲に誤りがあったり，複数の道徳的価値が衝突したりするために生じるものである。指導方法は，ねらいに即して，目標である道徳性を養うことに資するものでなければならない。特に中学校では，問題解決的な学習を通して，生徒が人間としてよりよく生きていくために，道徳的諸価値についての理解を基に，自己を見つめ，人間としての生き方について深く考え，適切な行為を主体的に選択し，行為することができる実践意欲と態度を育てるよう指導することが大切である。日常生活での問題を道徳上の問題として把握したり，自己の生き方に関する課題に積極的に向き合い，自分の力で考え，よりよいと判断して，行為しようとする意欲を培ったりすることができる。問題解決的な学習は，生徒の学習意欲を喚起するとともに，生徒一人一人が生きる上で出会う様々な問題や課題を主体的に解決し，よりよく生きていくための資質・能力を養うことができる。生徒が問題意識をもって学習に臨み，ねらいとする道徳的価値を追求し，多様な感じ方や考え方によって学ぶことができるようにするためには，指導方法の工夫が大切である。例えば，主題に対する生徒の興味や関心を高める導入の工夫，他者の考えと比べ自分の考えを深める展開の工夫，主題を自分との関わりで捉え自己を見つめ直し，発展させていくことへの希望がもてるような終末の工夫などがある。また，問題解決的な学習では，教師と生徒，生徒相互の話し合いが十分に行われることが大切であり，教師の発問の仕方の工夫などが重要である。さらに，話し合いでは学習形態を工夫することもでき，一斉による学習だけでなく，ペアや少人数グループなどでの学習も有効である。ただし，この場合，議論する場面を設定すること，ペアや少人数グループなどでの学習を導入することが目的化してしまうことがないよう，ねらいに即して，取り入れられる手法が適切か否かをしっかり吟味する必要がある。道徳科において問題解決的な学習を取り入れた場合には，その課題を自分との関わりや人間としての生き方との関わりで見つめたときに，自分にはどのようなよさがあるのか，どのような改善すべきことがあるのかなど，生徒一人一人が道徳上の課題に対する答えを導き出すことが大切

> である。そのためにも，授業では自分の気持ちや考えを発表するだけでなく，時間を確保してじっくりと自己を見つめ直して書くことなども有効であり，指導方法の工夫は不可欠である。現代的な課題を道徳科の授業で取り上げる際には，問題解決的な学習を活用することができる。

　道徳科の授業にロールプレイングを導入する意義は，ここにある。ロールプレイングは役割演技法とも呼ばれる教育方法の一手法であり，現実に近い模擬場面を設定した上で，参加者に特定の役割を演じさせ，習得した技能の完成度を計ったり，そこで起きる問題点や課題点に対する解決方法を考えさせたりする技法である。役割演技は，道徳指導のねらいである，相手の立場を理解し，相手のことを思いやる心を育てるのにたいへん有効な方法である。[3]
　道徳科における問題解決的な学習が，「生徒一人一人が生きる上で出会う様々な道徳上の問題や課題を多面的・多角的に考え，主体的に判断し実行し，よりよく生きていくための資質・能力を養う学習」であることから，ロールプレイングは，道徳科における問題解決的な学習にふさわしい道徳指導の手法といえる。
　ロールプレイングが，ねらいに即して，目標である道徳性を養うことに資するものでなければならないということはいうまでもない。お遊びとしてロールプレイングを行うのでは行う意味がないということである。特に中学校では，「問題解決的な学習を通して，生徒が人間としてよりよく生きていくために，道徳的諸価値についての理解を基に，自己を見つめ，人間としての生き方について深く考え，適切な行為を主体的に選択し，行為することができる実践意欲と態度を育てるよう指導する」ことが大切にされなければならない。ロールプレイングはそのような指導を可能にする教育方法なのである。「日常生活での問題を道徳上の問題として把握したり，自己の生き方に関する課題に積極的に向き合い，自分の力で考え，よりよいと判断して，行為しようとする意欲を培ったりすることができる」表現方法ともいえる。「生徒が問題意識をもって学習に臨み，ねらいとする道徳的価値を追求し，多様な感じ方や考え方によって学ぶことができる」のもロールプレイングの良さである。
　また，文部科学省は，「道徳的行為に関する体験的な学習等を取り入れる工夫」について，新中学校学習指導要領解説「特別の教科 道徳編」の「第

4章 指導計画の作成と内容の取扱い」第3節の「5:問題解決的な学習など多様な方法を取り入れた指導」の中で,次のように示している。[4]

> (2) 道徳的行為に関する体験的な学習等を取り入れる工夫
>   道徳的諸価値を理解するためには,例えば,具体的な道徳的行為の場面を想起させ追体験させて,実際に行為することの難しさとその理由を考えさせ,弱さを克服することの大切さを自覚させることなどが考えられる。また,道徳的行為の難しさについて語り合ったり,それとは逆に,生徒たちが見聞きしたすばらしい道徳的行為を出し合ったりして,考えを深めることも考えられる。さらに,読み物教材等を活用した場合には,その教材に登場する人物等の言動を即興的に演技して考える役割演技など疑似体験的な表現活動を取り入れた学習も考えられる。これらの方法を活用する場合は,単に体験的行為や活動そのものを目的として行うのではなく,授業の中に適切に取り入れ,体験的行為や活動を通じて学んだ内容から道徳的価値の意義などについて考えを深めるようにすることが重要である。道徳科の授業に体験的な学習を取り入れる際には,単に活動を行って終わるのではなく,生徒が体験を通じて学んだことを振り返り,その意義について考えることが大切である。体験的な学習を通して道徳的価値の理解を深め,様々な課題や問題を主体的に解決するための資質・能力の育成に資するように十分に留意する必要がある。

　ロールプレイングは,道徳的諸価値を理解することに貢献する手法である。自らを資料(教材)中の主人公に置き換えて考え,判断し,表現する活動を通して,「具体的な道徳的行為の場面を想起させ追体験させて,実際に行為することの難しさとその理由を考えさせ,弱さを克服することの大切さを自覚させること」になる。また,ロールプレイングの後,「道徳的行為の難しさについて語り合ったり,それとは逆に,生徒たちが見聞きしたすばらしい道徳的行為を出し合ったりして,考えを深める」ことにもなる。
　すなわち,ロールプレイングは,「教材に登場する人物等の言動を即興的に演技して考える役割演技など疑似体験的な表現活動を取り入れた学習」なのである。ロールプレイング(役割演技の方法)を活用する場合は,「単に体験的行為や活動そのものを目的として行うのではなく,授業の中に適切に

取り入れ，体験的行為や活動を通じて学んだ内容から道徳的価値の意義などについて考えを深めるようにすること」が重要であり，「道徳的価値の理解を深め，様々な課題や問題を主体的に解決するための資質・能力の育成に資する」ように留意する必要がある。

2　ロールプレイングを導入した道徳科授業の実際
　　　──大阪桐蔭中学校──

　ここで紹介する道徳教育及び道徳科授業は大阪桐蔭中学校2年生の実践である。大阪桐蔭中学校・高等学校は，ご存知のように，2018年に野球部が選抜高校野球大会で史上初となる春夏2連覇の全国優勝を果たした。野球のみならず，ラグビー，サッカー，吹奏楽なども全国区である。また，部活動のみならず，京都大学への合格者が50名を超えるなど，東京大学・京都大学・大阪大学・神戸大学等の国公立大学や，早稲田大学・慶應義塾大学・同志社大学等の有名私立大学に毎年，多くの生徒が進学している。さらに，知・徳・体のバランスのとれた人間力の向上を目指しており，道徳教育の充実にも力を注いでいる。まさに文武両道の学校なのである。

　大阪桐蔭中学校の道徳教育は，要としての道徳科授業のみならず，その前後に特別活動や総合的な学習の時間で行う体験活動等との接続を図るなど，すべての教育活動を通して展開している。各教科等横断的な道徳学習である。
　ここで紹介する，道徳科を要とする道徳教育の展開は，事前（高円宮杯英語弁論大会・英語科）→事中（道徳科授業Ⅰ・道徳科授業Ⅱ）→事後（学校行事）の指導である。

(1) 高円宮杯英語弁論大会7位入賞

　大阪桐蔭中学校の生徒が，高円宮杯英語弁論大会大阪府大会に出場し，7位入賞を果たした。スピーチの題名は「ぼく VS. ぼく自身」。内容は，「いじめられっ子のぼくがいじめっ子になった。しかし，負かしたり，仕返したり，いじめたりするのではなく，昨日の自分より今日の自分をより良く，より強くすることに気づくようになる。」という物語である。実話に基づく物語であり，いじめ問題について深く考えさせられる内容になっている。
　次に示したのが，その英文であり，日本語訳である。英文は英語科の学習

の成果であり，日本語訳は道徳科授業の資料（教材）となった。

① 「いじめ」を題材とした英語スピーチの原稿：英語科の学習の成果

Me versus Myself

One day, my friend hit me hard. I was seven. One day, I hit my friend hard. I was eight.

This story is about my most difficult two years. When I entered primary school, I made many friends and enjoyed my new school life, but after the summer, some of my friends started to ignore me. A few days later, I found my pen case hidden in the back of the schoolyard. On another day, my shoes went missing, and finally a classmate suddenly hit me hard. I fell into the hell. "Why me? Why am I alone? Why am I having such a hard time?" I cried and cried every night.

Time had passed. I turned eight. I was still bullied, but suddenly the situation changed. A classmate came up to me and he hit me in the shoulder as usual. I tried to ignore him, but I was no longer able. So I hit him back and beat him up. "I won!" I thought to myself.

Since that day, I was no longer a bullied child. I became the bully, and he, the victim. I hid his pen case and his shoes. I completely forgot who I used to be. I never recalled the days when I had been bullied. Every day I looked down on him.

In winter, Mr. Yokouchi, my homeroom teacher, called for me and this boy. He expressed how contemptible bullying is. He pointed, striking his chest, proclaiming "We are all equal. Here is the most important part of us. Here… here… here!" His voice was trembling. My heart was trembling. Tears streamed from my eyes.

For so long, I thought that I had beaten this boy, that I had won, but I was so sorely mistaken. I became the thing I had hated. I came to realize how bullying degrades us all, and belittling someone else to achieve a sense of superiority is empty. Payback and revenge will lead to cycles of bullying that will never end. I was no better than he. I was broken. I lost myself. "Heart…What is it? Why is it so special?" As I watched him being bullied by other classmates, I asked myself these questions again and again. I left that group of bullies, and I tried to stop them and help him, but I couldn't. To bully others, to be bullied by others, and to stop others' bullying, all of them were my hopes, but they all were also my fear. (Here… here… here!)

Finally, I reached my answer. That is, we should have a strong heart to overcome ourselves ; not to beat others, not to take revenge, and of course, not to bully. To make what we are today better and stronger than we were yesterday is the first step.

"*Issho ni kaerahen*…?" I asked him to go home together in a whisper. It was my first, small, but great step. My long and difficult two years ended.

Now I am fifteen. I am enjoying my new life. I am neither a bully nor a victim. Good bye my weakest two years! Good bye my seven and eight-year-old self! "Me versus Myself." Hey me! Keep watch over me! Tomorrow I'll be better and stronger than myself today! I am ready!!!

②道徳科授業の資料（教材）：①の日本語訳

ぼく VS. ぼく自身

大阪桐蔭中学校（生徒作文）

ある日，友達がぼくを殴った。ぼくは7歳だった。
ある日，ぼくは友達を殴った。ぼくは8歳だった。
これは，ぼくの1番苦しかった2年間の話だ。
小学校に入学した当初のぼくは友達も多く，学校生活は楽しかった。

しかし，夏以降，友達の何人かがぼくを無視するようになった。
　数日後，ぼくの筆箱は校庭の裏に隠され，別の日にはぼくの靴がどこかにいっていた。そして，ついには突然クラスメイトがぼくを殴るようになった。ぼくは地獄に落とされた。「なぜ，ぼくなんだ？　なぜ，ぼくは独りぼっちなんだ？　なんでぼくだけがこんなつらい目に…。」毎晩毎晩泣いた。
　時は経ち，ぼくは8歳になった。ぼくはまだいじめられていたが，突如，状況が一変したのだ。あるクラスメイトがいつものようにぼくの肩を殴ってきたのだった。ぼくは無視しようとしたけれど，どうにも我慢できず，ついに彼に殴りかかり，思い切り彼を殴り倒したのだった。「勝った！」思わずそう心の中で叫んだぼくだった。
　その日を機に，ぼくはいじめられっ子ではなくなった。ぼくがいじめっ子になり，彼はいじめられっ子になったのだった。ぼくは彼の筆箱も靴も隠した。ぼくはかつての自分をすっかり忘れ，いじめられていた自分のことなど思い出すこともなく，彼を見下す日々を送った。
　ある冬の日，担任の横内先生がぼくと彼を呼び，いじめがどれほど醜いものであるかを語った。先生は心を指さし，胸を強く叩きながらこう言ったのだった。「みんな平等だ。ここが1番大切なんだぞ。ここだ…分かるか？　ここなんだぞ…。」先生の声は震えていた。ぼくの心も震えていた。涙が一気にあふれ出た。
　ずっとぼくは思っていた。ぼくはあいつに勝ったのだと。しかし，それは大きな間違いだった。ぼくはぼくの憎むぼくに成り下がっていたのだ。いじめがどれ程自分を小さくしていたのだろうか。誰かを下に見て，自分を上に立たせ，優越感にひたる…それがどんなに空虚なことであるか。仕返しは解決にならないのだ。ぼくは彼より良くない。ぼくはダメになっていた。自分を見失ってしまっていた。
　「こころ。こころって何だ？　こころってなぜそんなにも特別なんだ？」他のクラスメイトにいじめられている彼が視界に映る。その問いが幾度となくぼくの中で繰り返される。
　ぼくはいじめグループから抜けた。しかし，彼を助けることまでは出来なかった。誰かをいじめることも，誰かにいじめられることも，いじめを止めることもどれもぼくが望むことだった。でも，そのどれもが怖

かった。（ここだ…ここだ…ここだ…：胸を指して）

　ようやくぼくは答えにたどり着いた。自分に打ち勝つ強い心。持つべきものはそれなんだ。負かしたり，仕返したり，いじめたりするんじゃない。昨日の自分より今日の自分をより良く，より強くすること。それが最初の一歩なんだ。

　「一緒に帰らへん？」ぼくは彼にそっと言った。それはぼくの最初の小さな，いや，大きな一歩だった。ぼくの苦悩の２年はそこで幕を閉じた。

　ぼくは今15歳だ。いじめっ子でもいじめられっ子でもない。バイバイ！　１番弱かったぼく！　バイバイ！　７歳と８歳のぼく！　「ぼく対ぼく自身」なあ，ぼく！　ぼくを見ていてくれよな。明日のぼくは今日よりきっと強いから！　覚悟はもちろんできてるから！！！

(2) 道徳科授業Ⅰ：「心の形」

　次の事例１及び事例２を提示し，登場人物になりきって役割取得させた。ロールプレイングの手法で，各事例の続きを表現させることによって，生徒の道徳性の発達段階が見えてくる。筋書きのないドラマ仕立てのロールプレイングは，道徳科の目標でもある，「道徳的な判断力，心情，実践意欲と態度」を育成することに貢献する。どのグループのロールプレイングも道徳的思考を深めさせる内容であった。

いじめって何？　いじめる心って何？

【事例１】
　中２のジュンはクラスのリーダー的存在です。ハキハキしていて，面白く，とても親しみやすい性格の持ち主でもあります。同じクラスの男子生徒ケンタ，リョウタ，マサオの３人と特に仲が良く，学校でも学校外でも一緒に遊ぶ仲です。
　ある日，ジュンはケンタに，「お前，早朝テストの点が俺より悪かったから，ジュース１本おごれよ！」と言い，ケンタは言われるがままに，ジュンにジュースを１本おごりました。次の日，ジュンはリョウタにも，「お前,50メートル走,俺の方が速かったから,ジュース１本おごれよ！」

と言い，リョウタにジュースを1本おごらせました。またその次の日には，マサオに，「お前のギャグ全然おもろないわ。俺のパンチ受けてみろ！　いくぞ！」（バンッ！！！：殴る音）「痛っ…。」
　ジュン，ケンタ，リョウタ，マサオの4人は普段はとても仲が良いのですが，時々見られるジュンの行き過ぎた言動に，徐々に違和感を覚え始めたケンタ，リョウタ，マサオは，次第にジュンを避け始めます。そして，ついにある日の放課後，ジュンが下足箱を見ると，「金返せ！お前も全然おもろないわ！」と書かれた紙が…。

【事例2】
　中2のカナは同じクラスの女子生徒アイ，ケイコの2人と特に仲が良く，クラスの中でもお姉さんキャラで，面倒見も良く，友達が多い生徒です。ユキナはカナとは対照的で，友達と一緒にいるよりも，1人で読書をして過ごす生徒です。
　カナ，アイ，ケイコの3人はよく，ユキナを指さし，「あの子，ずっと独りじゃない？　友達いないんじゃない？（笑）」と，ユキナには聞こえないように，コソコソ話しては面白がって笑いました。
　しかし，ある日の帰り道，カナはアイに，「ケイコってさ～，テスト勉強してないとか言ってて，めっちゃ陰でやってて良い点とるやん，そういうのってウザいよね～！」と。
　また，ある日の帰り道では，カナはケイコに，「アイってさ～，先生に好かれたいキャラだよね～！　そういうとこめっちゃウザいわ～！」と。
　カナが部活の試合で不在だった日のこと，ケイコはアイに，こう言いました。「あのさ～，言いにくいんやけど，この前，カナがアイのこと，先生に好かれたいキャラだよねって悪く言っていたよ。」すると，アイがケイコに，「マジで～！？　そう言えば，カナ，ケイコのこと陰で勉強してるくせに，勉強してないって言っててウザいって言ってたよ。なんか，カナって最低だよね。」
　翌日，アイとケイコはカナに，「あのさ～，私らの悪口言うのやめてや～！　ほんま最低やな！」と…。

　ロールプレイングの後，次のような課題を与え，道徳科授業Ⅱを終えた後にワークシート1を提出するよう指示した。

道徳科ワークシート1

Q1　あなたが担当した役は何ですか？（　　　　　　　　　　）
Q2　その役を演じて感じたことは何ですか？

[　　　　　　　　　　　　　　　　　　　　　　　　　　]

Q3　いじめっ子がいじめられっ子になるのはなぜだと思いますか？

[　　　　　　　　　　　　　　　　　　　　　　　　　　]

Q4　いじめられっ子がいじめっ子になるのはなぜだと思いますか？

[　　　　　　　　　　　　　　　　　　　　　　　　　　]

Q5　「いじめっ子がいじめられっ子に，いじめられっ子がいじめっ子になることのない生活」を誰もが送るために必要なこととは何だと思いますか？

[　　　　　　　　　　　　　　　　　　　　　　　　　　]

　　　　J2（　　　）No.（　　　）Name（　　　　　　　　）

(3) 道徳科授業Ⅱ

①資料（教材）：「ぼく VS. ぼく自身」（大阪桐蔭中学校 3 年：生徒作文）
②ロールプレイング（道徳科授業Ⅰ）と道徳的価値の追究（道徳科授業Ⅱ）

前時の道徳科授業Ⅰのロールプレイングの結果と本時の資料（教材）：「ぼく VS. ぼく自身」によって，道徳科授業Ⅱを展開した。そして，終末において，次の道徳科ワークシート 2 に記述させ，道徳科授業Ⅰ・Ⅱのまとめとした。

道徳科ワークシート2

＊<u>なぜ人は人を傷つけてしまうの？</u>　～人を攻撃する人の心の動き～

　人が人を嫌いになったり，人を自分の好みによって順列化したり，人を意識的に，また無意識的に攻撃したりする人の心理とはどういうものなのだろうか。それらの行為が人としてあってはならないことだと知りながら，なぜ人はそういう行為に至るのだろうか。あなたのこれまでの経験をもとに，あなたが考える，人が人を傷つけるときの心の動き・仕組みをあなたなりに説明してみましょう。

J2（　　　）No.（　　　）Name（　　　　　　）

(4) 学校行事

　大阪桐蔭中学校の学校行事は，学習合宿［1学期］，夏季研修［1学期］，体育祭［2学期］，文化祭［2学期］，ハロウィンパーティー［2学期］，音楽祭（合唱コンクール）［3学期］など，豊富である。これらの学校行事が道徳教育としての重要な体験活動の場であることはいうまでもない。これらの学校行事（体験活動）が道徳科授業に生かされることによって，真に道徳教育の充実を図ることが可能になる。いじめのない学校，学年，学級づくりはそのような営みから生まれてくるものである。

3　ロールプレイングを導入した道徳科授業の成果

　道徳科授業Ⅰでは，ロールプレイを用いた授業を行った。テーマは「心の形～いじめって何？　いじめる心って何？」である。1班～3班は事例1について，4班～6班は事例2について考えた。そして，それぞれの事例の結末をロールプレイングで表現した。さらに，演じた後の感想をもとに，「いじめっ子がいじめられっ子になる」ということと，「いじめられっ子がいじめっ子になる」ということについて考えを深めた。

　　　　　　　　　　各班のロールプレイの内容

1班：ケンタ・リョウタ・マサオに謝る
2班：ジュンが転校する
3班：クラスメイトが気づいて担任に報告→ジュンが謝る
4班：いじめ返す
5班：アイ・ケイコに謝る
6班：アイ・ケイコ・ユキナが手を組み反撃→先生に相談→話し合う

Q.1&2　あなたの演じた役は何ですか？　その役を演じて感じたことは何ですか？

ジュン役
- いじめている時はおもしろいが，いじめられると悲しかった
- 悪い仕打ちをして良いことなどない
- いじめる側もいじめられる側もやりにくかった

リョウタ役
- いじめられているのがかわいそうだった
- どうしようもなかった
- いじめる側も面白くなかった

マサオ役
- 謝られても許したくない気持ちだった
- 嫌な気持ちになった
- 自分もされたから仕返しても悪い気がしなかった

ケンタ役
- 一人だけが強くなってしまうのはいけないことだ
- やっぱり嫌なことをされるのもするのも嫌

ユキナ役
- 悪口を言っている側に支配される流れが理不尽だと思った
- コソコソ笑われて嫌だった

担任役
- 生徒を止めるのはつらい
- 難しい
- 見ていて見苦しい
- 双方を取り持つ大変さ
- こういう担任がいることが問題だ

ケイコ役
- 友達の悪口を聞かされてどうすればいいか分からなかった
- 自分がはずかしい
- 誰がどこで自分を悪く思っているか分からないなと思った。怖いなと思った

カナ役
- 自分もいじめていた側だったけれど責められて傷ついた
- 嫌なことを言うと嫌な気持ちになった

アイ役
- やっぱり悪口を言われると嫌だ
- 陰口を言うのは気分が悪かった

クラスメイト役
- 好奇心と便乗が人の意見をかき消す
- 先生にいじめを報告するのは勇気がいる。次に自分が何かされるかもしれないから

ナレーター役
- 客観的に見てかわいそうだった
- いじめの深刻さが分かった

Q.3　いじめっ子がいじめられっ子になるのはなぜだと思いますか？
- 悪い評判が流れ，いじめられる側になる
- 同じ境遇の人が共感して，仕返したくなるから
- クラスの害になると周りが感じ排除しようとする動きが高まるから
- リーダー的存在は手下を置いていて，その手下はそのリーダーにいじめられている側とも言える。その手下が他のいじめられっ子の気持ちに共感すれば，一気に状況は逆転し，手下といじめられっ子は手を組み，リーダーをいじめ始める
- いじめっ子は，本当は周りに認められていない自分に気づいているのに，それを無視して振る舞い続け，ついにはKYになり，いじめられる
- いじめている様子を周囲が見て，声には出さないけれど，「やり過ぎちゃう？」と内心思っている。そういうサイレントマジョリティーが悪い方向に力を合わせると，いじめっ子をいじめられっ子にしてしまう
- いじめっ子と一緒にいると自分もそう思われるから
- 周囲の人は避けるようになり，その子の周りから人が消えていくから
- いじめっ子は周りと自分は差があると思い込んでいる。虚勢を張り，見えないものを見せつけようとする結果いじめに至る
- いじめっ子がいじめている相手は，いじめっ子がターゲットにしている子だけではなく，実は周囲の子も嫌な思いをして傷ついている場合もある。そうなると周囲の子もいじめっ子のことが嫌な存在になり，避けるようになる
- いじめっ子はいじめている立場のときは周りが皆自分の味方だと勘違いしているけれど，実は，周囲はそれを快く思っていなくて，気づけば，周囲は敵になっている

- いじめっ子にいじめられていた子が周囲に相談して味方を増やしていくから，周囲の人は，自分もいじめる側に回った可能性があることなど棚に上げ，いじめっ子をいじめ始める
- 「いじめっ子」を支持していた子も，状況が悪くなれば，その「いじめっ子」一人のせいにして，そこから抜け出し，保身に走り，「いじめっ子」をいじめることを周りで合わせていた人たちが裏切るから
- 「いじめっ子」はもともといじめていた側なんだから，いじめ返されても何も言える立場ではないから，簡単にいじめられるようになる

Q.4　いじめられっ子がいじめっ子になるのはなぜだと思いますか？
- 仕返しの気持ちがあるから
- 恨みや復讐心があるから
- 自分だけがこんな思いをしたくないので，他の人をいじめてしまうから
- いじめられていた時の辛い気持ちを分からせるため
- いじめられていた時のストレスを発散したくなったから
- いじめられっ子が友達に相談して，仲間を増やすから
- 相手を許せる心がないから
- いじめられている姿をずっと見てきた周りの子が味方になって，仕返す流れになるから
- 今自分がしていることが今まで自分がされてきたことと等しいと気づけなくなってしまっているから
- 自分がもう一度いじめられないように，自分を守る術として，先にいじめる側になろうとするから
- 自分がいじめられてきたから，逆に自分がいじめても大丈夫だと思ってしまうから立場が上の者から下の者へストレスが伝えられ，一番下の立場はストレスのやり場がなくなり，それを上に戻すしかなくなるから
- 元々いじめられていた側だから，いじめる側になっても＋－ゼロだと考え，別に今度は自分がいじめても良いじゃないかと思ってしまうから
- 「いじめっ子」に転じた「元いじめられっ子」は，これは「仕返し」であって「いじめではない」という意識が強く，悪いことをしている意識がないから
- 周りの子が「ごめん」と言って態度を変え，だんだん周囲が気を遣ってく

れるようになったら，いじめられっ子は調子にのっていじめっ子になる
- １人１人，時間は大切なのに，いじめられっ子はいじめっ子のせいで苦しんだ時間が続き，悲しい人生を歩んできたということを他の人にもわかってほしいと思うから

Q.5 「いじめっ子がいじめられっ子に，いじめられっ子がいじめっ子になることのない生活」を誰もが送るために必要なことは何だと思いますか？
- 助け合いの気持ちが必要
- 相手の意見を聞くこと
- 早期解決が大切
- 一人一人が周りに気を付けながら行動することが大切
- 相談にのってあげること・相談すること
- 分かち合うことをしないと平和に仲良く過ごせない
- 良きライバル関係を築くこと：良い所を競い合う。悪い所を競い合うのがいじめ。自分がされて嫌なことは相手にしない
- いじめを止める人になること
- そもそも誰もがいじめっ子にならなければ良い
- いじめは一人対一人では起こらず，１対複数で起こる。そういう関係を許さない心を持って皆が生活する必要がある
- いじめを見て見ぬふりをしない周囲の人の力が必要
- いじめを注意できる人
- ちょっとやり過ぎているなと思った段階で，注意できる仲間が必要
- 子ども同士で解決しようとすると変な方向へ行くので先生に相談する
- いじめを起こさせない雰囲気・クラスづくり
- 人の悪い所ではなく良い所を見ること
- 人と対等に付き合うこと
- 他人の個性を認めること・十人十色思想を受け入れること
- いじめることのマイナス面に目を向け，リスクが高いことを知るべき
- 本当に嫌なことがあれば，本人と直接１対１で話す。それが難しいなら先生に間に入ってもらうこと
- 根に持たず，放っておくこと

- 「自分をいじめた最低な奴」に自分が成り下がらないように強い心を持つこと
- 結局，思いやり・思慮深さが必要
- 校則で全員を束縛する
- 適度に人とは距離を置くこと
- 相手の心の中を読むこと
- いじめを注意する。注意も行きすぎるといけない
- 定期的にいじめについて考える時間が必要
- いじめ返すのとは別の方法で，相手に気持ちを伝えること
- 相手を傷つけない事を考えて行動すること
- いじめてはいけないといういう自覚を一人一人がしっかり持つこと
- 信頼し合い尊重する気持ち
- コンプレックスは皆あるから，「まるごと好きになること」が大切
- 色んな人の意見を聞いて学ぶ姿勢が大切。そうすれば，新たな価値観・世界観が広がり，色んなタイプの人を受け入れられるようになる
- 悪口を言わず，自分の中にとどめること。ノートに書き留めるなどして
- 仕返しだったとしても，いじめは許されないということを教えること
- 同調していた人，黙って見ていた人たちも自分たちがしたことを受け止め反省しなくてはならない
- 口先だけで謝って済ますのではなく，これから先どうするのかをきちんと決める
- いじめの経験を生かして，皆とよりよく生きて行くこと。仕返すのではなく寄り添う方向で

　「いじめ」を題材とした，道徳科授業Ⅰ及び道徳科授業Ⅱを通して，「なぜ人は人を傷つけてしまうのか〜人の心の働き〜」について考え議論し，道徳的思考を深めることができた。

> **なぜ人は人を傷つけてしまうのか？―人の心の働き―**
>
> 人が人を嫌いになったり，人を自分の好みによって序列化したり，人を意識的に，また無意識的に攻撃したりする人の心理とはどういうものなのだろうか。それらの行為が人としてしてはならないことだと知りながら，なぜ人はそういう行為に至るのだろうか。あなたのこれまでの経験をもとに，あなたが考える，人が人を傷つけるときの心の動き・仕組みを論理的に600字〜800字で説明して下さい。

（1）相手から直接被害を受けた場合
　①相手に嫌なことを直接されたから
　　・相手に自分が大事にしているモノを傷つけられたから
（2）相手から直接被害を受けていない場合
　①相手が自分の言動で傷付くと分かっていないから
　　・こっちは冗談のつもりなのに，相手がそれを受け入れられる心理状況でなかったから
　②相手が自分の言動で傷付くと分かっているから
　　・相手を傷つけた時の相手の反応が面白いから
　　・相手が悲しい顔をしたら嬉しいから
　　・相手を傷つけることで優越感に浸りたいから
　　・相手を傷つけることで自分を守れるから
　　・ある子の悪口を別のある友達に話した時の反応が面白いから
　　・「悪口」は「ハズレ」のないネタだから
　③集団心理に影響されているから
　　・同じグループの子たちがその子を嫌っていたから
　　・ある子に対する悪口がその子以外の人たちの連帯感を生みだすから
　　・集団である子の悪口を言っていれば，自分がいじめられることはないから
　　・噂によって，先入観・偏見を植え付けられていたから
　　・集団は個人に対して強気だから
　　・「攻撃もしないし攻撃もされないという立場」が理想だが，その中から，「攻撃されないために攻撃する立場」へ移る人が増えて行き，だ

第12章　ロールプレイングを導入した道徳科授業の方法と実際

んだんと,「攻撃しないから攻撃されるという立場」が残るようになる。その結果,「攻撃される立場」になるくらいなら「攻撃する立場」に回る方がマシだと考え,結局「攻撃されないために攻撃する立場」へ大多数が属すから

④自分に心の弱さがあるから
- 自分に自信がないから
- 自分に（相手のことや自分のことを思う）余裕がないから
- 自分が臆病だから
- 自分のことを自分が好きになれていないから
- 自分に注目してほしいから
- 自分がかわいいから
- 自己中心的だから
- 自分に理性・冷静さがないから

⑤「嫌う側」＝「嫌われる側」だから
- 人を傷つける人は人から傷つけられたことのある（傷つけている）人だから
- 両者はともに「自信」と「周りを見る目」が不足している者同士だから

⑥価値観や身体的特徴などにおいて「違い」があるから
- 自分と相手が違うことを受け入れようとしないから
- 自分と違うところを指摘したり,からかったりすると面白いから
- 自分と同じでない人は自分より下だと思いたいから

4 「鏡の向こうのわたし」～学級担任教師から生徒へ～

　人はこの世の中に存在する限り,集団の中の一人として生きて行かなくてはならない。それは,「安心」を意味する一方で,「不安」と常に隣り合わせであることも意味するのかもしれない。集団の一人として幸せに生きられるかどうかは,その集団の環境やそこでの他とのかかわり方次第で,すぐに不安定になる可能性があるからだ。
　人は自分を守ろうとする本能がある。自分が守られるように,傷つかないように,可能な限り周囲の環境を自分の理想や都合に合わせようとする。そ

ういった欲求の一つの象徴が「他人を傷つける」なのかもしれない。

　自分を大きく見せたいとき，他人を下位に見立て，自分を上位に立たせてやろうとする。他人の短所を見つけて自分はまだマシだと慰めたくなる。周囲が認めるほどの実力があれば必要ないのに，こんなふうに人はより簡単な方法で得られる「安心」や「自信」へと気持ちを走らせてしまいやすいのだ。

　「人を嫌う」もこの一部だろう。自分の基準を相手に当てはめようとして上手く当てはまらなかった結果，「あなたは私とは違うから私とは合わない」と決めてしまうのだろう。皆が皆を好きになるなんて非現実的。皆が皆と気が合うなんてありえない。きっとそのとおりだろう。

　しかし，だからと言って「嫌う」必要があるのだろうか。そもそも，自分に100%合う人なんているのだろうか。互いが合わせようとしている関係だから，部分的に「合っている」と思えるところを見つけ合えているのではないだろうか。これだけたくさんの人がいる世界。「違う」ことのほうが「同じ」ことより多くて当然だろう。「違い」を受け止める受け手の心なしに集団の中の幸せは生み出されないと思わないだろうか。「違う」＝「合わない」？「合わない」＝「嫌い」？

　「好き」の反対は「嫌い」ではなく，「無関心」だと私は考える。「嫌い」と思っているうちは，たいてい，まだ相手のことが気になっているものだ。「嫌い」ということにしておけば，その人より自分を優位に立たせてやれるから。嫌いな相手のどこかに勝ちたい気持ちが潜んでいるのかもしれない。

　さあ，ここで，このクラスを見渡してみてほしい。ここにいる42人は，なぜここに今いるのだろう。同じ教室で机を並べる仲であることを不思議に思わないだろうか。私たちは，偶然この世に生かされた者同士，偶然同じ時代に生まれた者同士，偶然同じ星に生まれた者同士，偶然同じ国に生まれた者同士，偶然同じ地方で生活するもの同士，偶然同じ学校を受験した者同士，偶然同じ学校に合格した者同士，偶然同じクラスに集まった者同士……。このような数々の奇跡的な「同じ」を共有して今私たちはここにいるのだ。それなのに，その中で些細な個々の「違い」を否定的に捉えたり，「嫌い」と言ってみたり，自分を守るためと言って相手を「攻撃」してみたり……。そんなことでしか互いを表現できていないことがどれだけちっぽけで醜いことかわかるだろうか。

　この世に生を受けること自体奇跡的なのだから，皆がこの「奇跡」を幸せ

に全うしたいと願うのは当たり前だろう。それなのに，それをわかっていながら，自分の「幸せ」だけ守ろうとするなんて，相手のそれを邪魔するなんて——。

　人は鏡だ。あなたが嫌いな人は，その人もあなたが嫌い（好きでも嫌いになってゆく）。せっかく出会えた人同士なら嫌って遠ざける発想ではなく，その人を認める発想で付き合うほうが幸せではないだろうか。皆結局，認められたいのだから。

　あなたが世の中の基準ではない。皆の基準を譲り合わないと，私たちは交われない。「嫌われる人には嫌われる理由がある」？　「嫌いな人がいて当然」？　考え方も人それぞれ。答えなんて出せはしない。しかし，そう思っているなら，あなたもきっとどこかで後ろ指さされて言われている。「嫌われる人には嫌われる理由がある」「嫌いな人がいて当然」と——。

　人は鏡だ。あなたが相手を大切に思うなら，相手もまたその思いをあなたに返す。そうすれば，あなたはあなたを大切にできるようになる。さあ，自分を見つめてみよう。自分を映し出す鏡をあなたはもう見つけることができているだろうか——。

（竹田　佳代）

〈注〉
(1)　文部科学省（2017）『中学校学習指導要領解説』，p.157.
(2)　文部科学省（2017）『中学校学習指導要領解説　特別の教科　道徳編』，pp.96-97.
(3)　江橋照雄編著（1996）『役割演技ハンドブック』明治図書出版，p.1.
(4)　文部科学省（2017）『中学校学習指導要領解説　特別の教科　道徳編』，pp.97-98.

おわりに

ルソーは『エミール』の第4編の中で次のように述べている[1]。

> わたしたちはこの地上をなんという速さで過ぎていくことだろう。人生の最初の四分の一は人生の効用を知らないうちに過ぎてしまう。最後の四分の一はまた人生の楽しみが感じられなくなってから過ぎていく。はじめわたしたちはいかに生くべきかを知らない。やがてわたしたちは生きることができなくなる。さらに，この最初と最後の，なんの役にもたたない時期にはさまれた期間にも，わたしたちに残されている時の四分の三は，睡眠，労働，苦痛，拘束，あらゆる種類の苦しみのためについやされる。人生は短い。わずかな時しか生きられないからというよりも，そのわずかな時のあいだにも，わたしたちは人生を楽しむ時をほとんどもたないからだ。死の瞬間が誕生の瞬間からどれほど遠くはなれていたところでだめだ。そのあいだにある時が充実していなければ，人生はやっぱりあまりにも短いことになる。

このルソーの言葉は重たい。人生の最初の4分の1と最後の4分の1を除き，最初と最後のはさまれた期間（4分の2）の4分の1のみが人生を楽しむことができる時だというのである。これを計算すると，$2/4 \times 1/4 = 1/8$ ということになる。ルソーはこの人生の$1/8$においてさえも，人生を楽しむ時をほとんどもたないという。せめて人生の$1/8$くらいは充実させたいものである。

「自然によって定められた時期にそこ［子どもの状態］からぬけだす」時期が思春期である。そして，「この危機の時代は，かなり短いとはいえ，長く将来に影響をおよぼす」ことになる。「ちょっとのあいだでも舵を放してはいけない。でなければ，なにもかもだめになってしまう」ことになる。ルソーはこの時期を「第二の誕生」と呼び，「ふつうの教育が終りとなるこの時期こそ，まさにわたしたちの教育をはじめなければならない時期だ」と述べて

いる。[2]

　この思春期におけるルソーの人生観，教育観，子ども観は，子ども期のそれとは大きく異なる。自然の要求に応える消極教育から危機の時代に応える積極教育への移行である。ここでいう積極教育とは，思春期に相応しい必要不可欠な教育であり，大人の（教師の）意のままに生徒を振り回すような教育ではない。ルソーの教育観が消極教育を基本としていることはいうまでもない。それぞれの時期に相応しい教育が自然の要求を無視することなく行われることこそがルソーの主張する教育論であると捉える。

　ルソーは思春期の生徒の状況を次のように表現している。[3]

　　暴風雨に先だってはやくから海が荒れさわぐように，この危険な変化は，あらわれはじめた情念のつぶやきによって予告される。にぶい音をたてて醗酵しているものが危険の近づきつつあることを警告する。気分の変化，たびたびの興奮，たえまない精神の動揺が子どもをほとんど手におえなくする。まえには素直に従っていた人の声も子どもには聞こえなくなる。それは熱病にかかったライオンのようなものだ。子どもは指導者をみとめず，指導されることを欲しなくなる。

　このような時期に教師はどのようにして児童生徒を指導すればよいのか。いじめはいじめ防止対策推進法によって未然に防ぐことが求められ，体罰による生徒指導は学校教育法第11条但書によって禁止されている。非いじめ，非体罰の教育，すなわち児童生徒の豊かな心（道徳性）を育成することや，教師としてふさわしい人間観・教育観・子ども観を形成することが喫緊の課題といえる。

　そのためには，すべての教育活動を通して行う「道徳教育」の充実，とりわけ道徳教育の要としての「道徳科」の充実が不可欠なのである。

　　　　　　　　　　　　　　　　　　　　　　　　　　（竹田　敏彦）

〈注〉
(1)　ルソー（1963）『エミール　中』今野一雄訳，岩波書店，p.5.
(2)　同書，pp.6-8から抜粋。
(3)　同書，p.6.

【編著者紹介】
竹田　敏彦　安田女子大学心理学部現代心理学科教授［はじめに，第2章，第3章，第4章，おわりに］
中島　正明　安田女子大学教育学部児童教育学科教授［第1章］
角谷　昌則　東洋大学生命科学部生命科学科教授［第5章，第6章］

【執筆者紹介】（執筆順）
小川　英夫　広島県清水ヶ丘高等学校校長［第7章］
山下　純子　安田女子大学大学院研修員［第8章］
八島　　等　広島大学附属高等学校教諭［第9章］
小野藤　訓　江田島市立江田島中学校校長［第10章（共著）］
大松　恭宏　江田島市立江田島小学校校長［第10章（共著）］
佐々木博康　江田島市立切串小学校校長［第10章（共著）］
堀江　信之　元庄原市立総領中学校校長［第11章（共著）］
大田　由美　庄原市立総領小学校校長［第11章（共著）］
角田　真紀　庄原市立総領小学校教諭［第11章（共著）］
竹田　佳代　大阪桐蔭中学校・高等学校教諭，英語科主任，学年主任［第12章］

【監修者紹介】
竹田敏彦（たけだ・としひこ）
〈経歴〉 同志社大学法学部法律学科卒業［法学士］，兵庫教育大学大学院学校教育研究科修士課程修了［教育学修士］，広島大学大学院文学研究科博士課程後期修了［博士（文学）］／広島県公立中学校教諭，広島大学附属三原中学校教諭，広島県立教育センター指導主事・企画部長・副所長，広島県教育委員会事務局教育事務所長，広島県公立中学校長，広島大学附属学校再編計画室長，尾道市立大学非常勤講師，広島大学大学院教育学研究科非常勤講師，広島国際大学心理科学部教職主任・教授，安田女子大学心理学部教授（現職）／日本道徳性発達実践学会常任理事，SAME（学校と道徳教育）研究会代表，日本道徳教育方法学会会員，日本倫理学会会員，日本教材学会会員，日本教師教育学会会員．
〈著書〉『なぜ学校での体罰はなくならないのか──教育倫理学的アプローチで体罰概念を質す』［編著］（ミネルヴァ書房，2016年），『心に響く道徳教育の創造：道徳教育が学校を変えた』［共同監修］（三省堂，2010年），『モラルジレンマ教材でする白熱討論の道徳授業（中学校・高等学校編）』［共著］（明治図書，2013年），他多数．
〈論文〉「魅力的な道徳科授業のために必要な理論と実践」［単著］（日本道徳性発達実践学会『道徳性発達研究』第10巻第1号，2016年），「道徳科の指導と評価の在り方」［単著］（安田女子大学紀要 No. 46, 2018年），他多数．

道徳科を要とする道徳教育の理論と実践

2019年3月28日　　初版第1刷発行

監　修	竹	田	敏	彦
	竹	田	敏	彦
編著者	中	島	正	明
	角	谷	昌	則
発行者	中	西		良

発行所　株式会社　ナカニシヤ出版
〒606-8461　京都市左京区一乗寺木ノ本町15
TEL　(075)723-0111
FAX　(075)723-0095
http://www.nakanishiya.co.jp/

©Toshihiko TAKEDA 2019（代表）　装丁／白沢 正　印刷・製本／亜細亜印刷
＊落丁本・乱丁本はお取り替え致します．
Printed in Japan. ISBN978-4-7795-1371-8

◆本書のコピー，スキャン，デジタル化等の無断複製は著作権法上での例外を除き禁じられています．本書を代行業者等の第三者に依頼してスキャンやデジタル化することはたとえ個人や家庭内での利用であっても著作権法上認められておりません．